Le français contemporain:
passages for translation and comprehension

Le français contemporain:
passages for translation and comprehension

by

R. de C. Chapman, M.A.
Rector of Glasgow Academy
formerly Head of Modern Languages
Marlborough College

and

D. Whiting, M.A.
Head of Modern Languages
Marlborough College

HARRAP LONDON

First published in Great Britain 1975
BY GEORGE G. HARRAP & CO. LTD
182-184 High Holborn, London WC1V 7AX

ISBN 0 245 52684 6

Set in 10/11pt Baskerville
by AMOS TYPESETTERS, Hockley.
Printed and bound in Great Britain
by REDWOOD BURN LIMITED,
Trowbridge and Esher.

Contents

1 Descriptions de quartiers anciens
Vieilles rues, vieilles maisons 1
Le pays Mouffetard 2
Les bouquinistes 4

2 Au bord de la mer
Le port 6
Voyage nocturne 7
Le phare 9

3 A la montagne
Le jour approchait 11
Le Chenoua 12
«Le sort de mon mari dépend du vent» 14

4 Portraits: des vieux
Le bibliothécaire 16
L'écrivain-berger 17
Tante Clarisse 18

5 Portraits: des jeunes
Le nouveau venu 20
Désiré Wasselin 21
Le lanceur de boules puantes 23

6 Des voyages
Arrivée à Paris 25
Le métro 26
Paris menacé d'étouffement 27

7 L'espace
La «tenue de Lune» 29
L'avion n'est pas un but 30
Apollo c'est fini 31

8 Le sport
Un «illettré» sportif 34
Les Jeux Olympiques peuvent-ils survivre? 35
Le Tour de France 37

9 La vie intérieure
La nuit 40
Des hommes sans but 41
Je n'apprendrais rien 42

10 Des étrangers
La veille de la mort 44
Quelle superbe absence que mon âme 45
La confrontation Antigone–Créon 46

11 La télévision
La politisation de la télévision 48
La télévision en famille 49
Les émissions culturelles 51

12 La vie à la campagne et la vie en ville
Le bruit qui tue 53
Retour au pays natal 54
Une nouvelle France rurale 55

13 L'éducation
Le bac, c'est fini 58
La formation des normaliens 59
Une classe expérimentale 61

14 La passion de rouler
L'auto 63
Les motos 64
La limitation de vitesse a fait baisser le nombre des infractions 65

15 La presse
Mort d'un journal 68
Le journalisme 69
La presse hebdomadaire 70

16 La guerre
La guerre moderne 73
Une batterie anglaise 74
La France libre 76

17 La politique en Europe
Le Marché commun—deux points de vue anglais 78
La politique étrangère du général de Gaulle 79
Adversaire du Marché commun 81

18 La connaissance et la transplantation des organes
Le cerveau humain 83
Les transplantations cardiaques: interview avec un chirugien—Cabrol 84
Des problèmes de la transplantation 86

19 Blanc et noir
Des «négriers» en France 88
Les colons et les colonisés 90
La vie coloniale 91

20 La révolte
Les étudiants: force de révolte ou de révolution? 93
Qu'est-ce qu'un homme révolté? 94
Le fossé des générations 95
La grève générale est à l'ordre du jour 96

Foreword

This book may be used either in conjunction with the main course book *Le français contemporain*, or else completely independently. It is designed to give practice in translation from French into English, to provide the basis for comprehension exercises, either oral or written, and to stimulate discussion.

The topics in each unit are linked to those of *Le français contemporain*, and it is hoped that they will enable those who use the main course book to become familiar with related vocabulary. For those who are not acquainted with *Le français contemporain*, each unit is an entity on its own, and the book can be used in conjunction with any other course book.

In choosing passages for translation we have limited ourselves to the twentieth century. Some of the passages are distinctly modern, and it may not be possible to find certain vocabulary in any but the most up-to-date dictionary. However, the meaning of such words is either obvious from the passage or else explained by a note.

'O' and 'A' level candidates in French usually find it hard to believe that the translation from French into English really is a more difficult exercise than it appears to be at first sight. They usually cannot argue when told that their French is weak, but react very unkindly to the suggestion that they also express themselves badly in their mother tongue! It is certainly a fact that examiners of the Unseen paper comment at least as much on bad or poor English as they do on gaps in the pupils' knowledge of grammatical structure and vocabulary. In case there is anyone who doubts that the examiners have good reason to do so, we offer a few examples from our own experience:

"Elle se tenait assise, renversée un peu en arrière" was translated by one 'A' level candidate as: "She used to sit down, bending over a little behind". Apart from the mistranslation of "Elle se tenait assise", a close reading of the second half of the translation should show how ridiculous it is.

To take another example:

"Le curé de Meudon obligeait les femmes à se signer quand passait l'oncle Jacques" was rendered as: "The priest of Meudon obliged the women by making signs at them when Uncle Jack passed by". This is obviously both a mistranslation and a most unlikely rendering.

Finally, "Pour que cela arrive . . . il fallait qu'une des femmes . . . voulût bien s'installer avec elle à l'écart" became: "For that to happen . . . it was necessary that one of the women . . . wanted earnestly to get into the cart with her". It is hardly necessary to point out the faults in this!

Students often seem reluctant to be shaken out of the belief that words have the same significance wherever they are placed in a sentence and that insistence on a clear English style is pedantic and vaguely anti-democratic in nature.

It is not. Far from restricting our field of vision, a clear insight into the workings of language enables us to cut back hollow rhetoric, the frequently meaningless patter of disc-jockeys, the sweet nothings of advertising slogans, and to see the thought concealed beneath. Similarly, using the language clearly and simply is both enjoyable and vital, since it leads to easy, unambiguous communication between individuals. As George Orwell points out in his essay *Politics and the English Language*, our use of language not only reflects, but also affects the way we think; the more confused our English style is, the less clear our thought will be. Translation, through the demands that it makes, is one of the best means of encouraging clear thought and precise expression.

How, then, should one approach a translation into English? We offer the following guidelines:

a) Always read the whole passage through several times until you have grasped its general meaning.

b) If the literal translation *makes sense* and is *good English*, use it. If it does not make sense or is not good English, something must be wrong, and you should try again. Re-cast the English if necessary, but try to avoid going as far as writing a free paraphrase.

c) Look at sentences as a whole rather than at individual words. It is possible to translate every word in a French sentence into a passable English equivalent without even beginning to produce a meaningful English sentence.

d) Read through your English translation carefully, and aloud if this is possible. Your ear may pick up some mistakes which your eye has overlooked.

When you have done a translation from French into English and have had it marked, there is still a good deal of work that can be done if you want to extract the maximum possible benefit from the exercise. The learning of vocabulary and particularly of phrases from the passage is most important. Then, if you can, try to use some of the words and phrases again in free composition or oral work. This will help greatly to commit the words to memory.

It is with this aim in view that we have put a series of questions at the end of each translation passage. Whether they are used as a basis for written or oral work, or a combination of both, they are designed to make you put key words and phrases to active use.

Finally, we hope that this book will be helpful to you in preparing for 'A' and 'S' level examinations, and also that you will find the ideas in it, and the process of translation, interesting and stimulating.

R. de C. C.
D. W.

Acknowledgments

Our thanks are due to the following for permission to reproduce copyright material:

Michelin et Cie (*Vieilles rues, vieilles maisons* in unit 1); Mercure de France (*Le pays Mouffetard* in unit 1, *Désiré Wasselin* in unit 5); Éditions Fernand Nathan (*Les bouquinistes* in unit 1); Éditions de Minuit (*Le port* in unit 2); Éditions Gallimard *Voyage nocturne* in unit 2, *Le Chenoua* in unit 3, *Tante Clarisse* in unit 4, *Le métro* in unit 6, *Paris menacé d'étouffement* in unit 6, *L'avion n'est pas un but* in unit 7, *La nuit* in unit 9, *Des hommes sans but* in unit 9, *Je n'apprendrais rien* in unit 9, *La veille de la mort* in unit 10, *Quelle superbe absence que mon âme* in unit 10, *Le journalisme* in unit 15, *Une batterie anglaise* in unit 16, *La vie coloniale* in unit 19, *Qu'est-ce qu'un homme révolté?* in unit 20); Flammarion (*Le jour approchait* in unit 3); *Paris Match* (*«Le sort de mon mari dépend du vent»* in unit 3, *L'écrivain-berger* in unit 4, *La «tenue de Lune»* in unit 7, *Apollo c'est fini* in unit 7, *Les Jeux Olympiques peuvent-ils survivre?* in unit 8, *Le bruit qui tue* in unit 12, *Une nouvelle France rurale* in unit 12, *Une classe expérimentale* in unit 13, *Les motos* in unit 14, *Le Marché commun—deux points de vue anglais* in unit 17, *Adversaire du Marché commun* in unit 17, *Les transplantations cardiaques: interview avec un chirugien—Cabrol* in unit 18, *Des problèmes de la transplantation* in unit 18, *Des «négriers» en France* in unit 19); Éditions Bernard Grasset (*Le bibliothécaire* in unit 4, *La guerre moderne* in unit 16); The Estate of Marcel Pagnol (*Le lanceur de boules puantes* in unit 5, *La formation des normaliens* in unit 13); Éditions Albin Michel (*Arrivée à Paris* in unit 6); *France-Soir* (*Un «illettré» sportif* in unit 8, *La télévision en famille* in unit 11, *Le bac, c'est fini* in unit 13, *La limitation de vitesse a fait baisser le nombre des infractions* in unit 14); Hachette (*Le Tour de France* in unit 8, *Le fossé des générations* in unit 20); Éditions de la Table Ronde (*La confrontation Antigone–Créon* in unit 10); *Le Monde* (*La politisation de la télévision* in unit 11, *Les émissions culturelles* in unit 11, *Mort d'un journal* in unit 15); Julliard (*Retour au pays natal* in unit 12, *La presse hebdomadaire* in unit 15); Librairie Plon (*La France libre* in unit 16); Éditions du Seuil (*La politique étrangère du général de Gaulle* in unit 17); Librairie François Maspero (*Les colons et les colonisés* in unit 19).

The *Nouveau Petit Larousse* and the *Grand Larousse Encyclopédique* have been used throughout as the basis for many of the definitions and explanations given in the notes.

1
Descriptions de quartiers anciens

Vieilles rues, vieilles maisons

Un des charmes du voyage en Bretagne, c'est la flânerie dans les vieux quartiers. Il n'est guère de villes ou de bourgs qui n'aient conservé, telles qu'elles étaient il y a 300 ou 400 ans, des rues entières ou tout au moins quelques maisons isolées.

On y évoquera la vie d'autrefois. Au rez-de-chaussée des maisons, les boutiques des marchands et des artisans sont annoncées par des enseignes de tôle qui grincent au bout de leurs potences. Le linge sèche sur des gaules fixées aux fenêtres, le long des façades. Par les poulies accrochées en haut des pignons, on hisse les lourds objets.

Dans les rues étroites, les toits des maisons en encorbellement se rejoignent presque; il fait sombre, mais, par derrière, les habitations donnent sur des cours qui apportent l'air et la lumière aux pièces d'habitation et aux arrière-boutiques.

On besogne dur et longtemps; les salaires atteignent 10 à 12 sous par jour. Dès que le jour point, le guetteur, du haut du beffroi, sonne de la trompette et les travailleurs sautent du lit. Chaque métier est fortement organisé en corporation qui a sa rue attitrée, sa bannière, son patron, sa fête annuelle. Il n'y a pas de vie nocturne: à 8 h en hiver, à 9 h en été, le beffroi sonne le couvre-feu, le guet tend les chaînes dans les rues, les lumières s'éteignent, la ville s'endort.

Le dimanche apporte sa détente. Les cloches, en un concert assourdissant, appellent les fidèles aux offices. Messes, vêpres, processions se succèdent. Les grandes liesses sont les foires, les fêtes de la moisson, des vendanges, des corporations, les pardons, les représentations.

On s'amuse à des jeux d'adresse, comme le «papegault» (oiseau de bois qu'on tire à l'arbalète); comme la «quintaine», où le jouteur, lance en main, se dirige, au trot d'un âne, vers une sorte de jaquemart de bois qu'il doit frapper au milieu du corps; si le coup est mal ajusté, le mannequin pivote sur son axe vertical et la badine dont il est armé cingle le maladroit.

D'après *Guide du pneu Michelin–Bretagne*

Notes

la flânerie action d'aller de côté et d'autre en musant
un encorbellement construction établie en saillie en dehors du plan d'un mur et supportée par des consoles ou des «corbeaux»
une liesse joie débordante et collective
un pardon fête bretonne, souvent très pittoresque où les gens prient Dieu de bénir leur ville et leur travail
un jaquemart figure de métal représentant un homme armé qui frappe les heures avec un marteau sur la cloche d'une horloge

Questions

a Est-ce que cela vous fait plaisir de flâner dans les vieux quartiers d'une ville? Pourquoi (pas)?
b Qu'est-ce qui fait penser à la vie d'autrefois?
c Décrivez la routine quotidienne des habitants des vieux quartiers bretons.
d Que font les gens pour s'amuser?
e En quoi la vie paisible des Bretons diffère-t-elle, à votre avis, de la vie des habitants des grandes villes?
f Aimeriez-vous habiter dans le vieux quartier d'une ville bretonne. Pourquoi (pas)?
g Décrivez un vieux village ou le vieux quartier d'une ville de votre connaissance.
h Décrivez une fête annuelle que vous avez vue ou à laquelle vous avez participé—procession, foire etc.

Le pays Mouffetard

Comme une veine de nourriture coulant au plus gras de la cité, la rue Mouffetard descend du nord au sud, à travers une région hirsute, congestionnée, tumultueuse.

Amarré à la montagne Sainte-Geneviève, le pays Mouffetard forme un récif escarpé, réfractaire, contre lequel viennent se briser les grandes vagues du Paris nouveau.

J'aime la rue Mouffetard. Elle ressemble à mille choses étonnantes et diverses: elle ressemble à une fourmilière dans laquelle on a mis le pied; elle ressemble à ces torrents dont le grondement procure l'oubli. Elle est incrustée dans la ville comme un parasite plantureux. Elle ne méprise pas le reste du globe: elle l'ignore. Elle est copieuse et vautrée, comme une truie.

Le pays Mouffetard a ses coutumes propres et des lois qui n'ont plus ni sens ni vigueur au delà du fleuve Monge. L'étranger qui, venu du centre, se fourvoie dans la rue Blainville ou place Contrescarpe est, à de certaines heures, aspiré comme un fétu par le maelström mouffetardien. Et, tout de suite, la cataracte l'entraîne.

La rue Mouffetard semble dévouée à une gloutonnerie farouche. Elle transporte sur des dos, sur des têtes, au bout d'une multitude de bras, maintes choses nourrissantes aux parfums puissants. Tout le monde vend, tout le monde achète. D'infimes trafiquants promènent leur fonds de commerce dans le creux de leur main: trois têtes d'ail, ou une salade, ou un pinceau de thym. Quand ils ont troqué cette marchandise contre un gros sol, ils disparaissent, leur journée est finie.

Sur les rives du torrent s'accumulent des montagnes de viandes crues, d'herbes, de volailles blanches, de courges obèses. Le flot ronge ces richesses et les emporte au long de la journée. Elles renaissent avec l'aurore.

Georges Duhamel *Confession de minuit*
(Mercure de France/Harrap)

Notes

hirsute touffu, hérissé; (*fig.*) grossier, bourru
une truie femelle du porc
un fétu brin de paille

Questions

a A quels égards est-ce que le Paris nouveau dont parle l'auteur se distingue de l'ancien?

b Que veut dire l'auteur quand il écrit que la rue Mouffetard ressemble à une fourmilière?

c Pourquoi la rue Mouffetard ignore-t-elle «le reste du globe»?

d Essayez de décrire, d'une manière semblable, la rue principale de la ville ou du village où vous habitez.

e Imaginez que vous êtes un étranger arrivé par hasard dans le pays Mouffetard. Décrivez vos impressions.

f Est-ce que la vie de la rue Mouffetard vous dit plus que celle d'une vieille ville bretonne? Pourquoi (pas)?

g Imaginez que vous êtes un des «infimes trafiquants» dont parle Duhamel. Vous parlez avec un ami à la fin d'une journée de travail. Décrivez quelques-uns des gens que vous avez vus.

h Cette description de la rue Mouffetard vous plaît-elle ou non? Pourquoi (pas)?

Les bouquinistes

Tout le long des quais, sur les deux rives, vous remarquerez les boîtes des bouquinistes. Vous les attendiez; elles font partie du Paris de vos rêves. L'usage d'étaler des livres sur ces parapets remonte au dix-septième siècle. En vain Louis XIV, puis le Baron Haussmann, voulurent les chasser pour rendre les lignes de pierre plus nettes; le privilège des bouquinistes devait survivre à tous édits contraires. «Convenons, dit encore Anatole France, que puisque la Seine est le vrai fleuve de gloire, les boîtes de livres étalées sur les quais lui faisaient une digne couronne . . .» Pourquoi prend-on plus de plaisir ici qu'ailleurs à fourrager parmi les livres? Y peut-on faire d'étonnantes découvertes et y acquérir pour quelques francs des éditions rarissimes? Cela devient exceptionnel. Non, c'est un peu parce que les bouquinistes, vieille femme au châle noir, assise sur un pliant au-dessus de sa chaufferette, vieil homme en pardessus râpé à col relevé, sont pittoresques et compétents; beaucoup parce qu'au-delà du couvercle tapissé de gravures romantiques on voit, au-dessus des arbres dépouillés, le ciel doux et pur de l'Île-de-France.

Pour trouver des livres et des bibelots amusants, nous remonterons ensemble, si vous le voulez bien, la Rue Bonaparte et redescendrons par la rue des Saints-Pères. Ce sont des rues à surprises, des rues antiques et libres. Les vitrines y charment par la négligence et la simplicité. Parfois un chef-d'œuvre s'y égare parmi les tabatières à miniature (perruque poudrée, cordon bleu) et les bustes de Marie-Antoinette, innombrables.

André Maurois *Paris*
(Éditions Fernand Nathan)

Notes

Haussmann (Georges, baron) administrateur français, né à Paris (1853–1891); préfet de la Seine (1853–70), il dirigea les grands travaux qui transformèrent Paris

Questions

a Quel est le Paris de vos rêves?

b Pourquoi prend-on plus de plaisir sur les quais de Paris qu'ailleurs à fourrager parmi les livres?

c Imaginez que vous êtes bouquiniste. Un guide avec un groupe de touristes étrangers vous décrit comme étant «pittoresque». Que pensez-vous de cette opinion et des touristes qui vous regardent bouche bée et qui font des photos innombrables?

d Vous vous trouvez devant les boîtes des bouquinistes en face de Notre-Dame de Paris. Décrivez tout ce que vous voyez.

e Qu'est-ce que l'auteur entend par l'expression «des bibelots amusants»?

f Qu'est-ce que vous compteriez trouver dans les boîtes des bouquinistes et dans les vitrines des antiquaires?

g Pourquoi peut-on trouver tant de bustes de Marie-Antoinette?

2
Au bord de la mer

Le port

L'eau du port n'est pas assez calme pour que l'on puisse y distinguer le reflet de la digue. De même, l'ombre de celle-ci n'y forme qu'une bande très imprécise, entamée sans cesse par les ondulations de la surface. L'ombre du parapet sur la chaussée tend, elle, à se confondre avec la face verticale qui la projette. Chaussée et parapet sont du reste encombrés de filets qui sèchent, de caisses vides et de grands paniers en osier—casiers à homards et à langoustes, bourriches à huîtres, pièges à crabes. Entre ces entassements circule avec peine la foule accourue pour l'arrivée du bateau.

Quant au bateau, il se trouve à un niveau si inférieur, lorsque la mer est basse, qu'il devient alors impossible d'apercevoir, depuis le pont, autre chose que la paroi abrupte de la digue fuyant tout droit vers le quai et interrompue à l'autre bout, un peu avant le fanal, par la cale d'accostage—oblique, s'achevant à la base en une surface plus lisse, brunie par l'eau, couverte à moitié de mousses verdâtres—toujours située à la même distance, comme si toute progression avait pris fin.

Pourtant, en regardant avec plus d'attention, on voyait le bord de pierre qui se rapprochait insensiblement.

Le soleil du matin, légèrement voilé comme à l'ordinaire, marquait à peine les ombres—suffisamment malgré tout pour diviser la pente en deux parties symétriques, l'une plus sombre, l'autre plus claire, pointant un bec aigu vers le bas de la descente, où l'eau montait en biseau et clapotait entre les algues.

Le mouvement qui portait le petit vapeur vers ce triangle de pierre, émergeant ainsi de l'obscurité, était oblique lui-même et d'une lenteur de plus en plus voisine de l'arrêt absolu.

Égale et cadencée en dépit de légères variations d'amplitude et de rythme—perceptibles à l'œil, mais n'excédant guère dix centimètres et deux ou trois secondes—la mer s'élevait et s'abaissait dans l'angle rentrant de la cale. A la partie inférieure du plan incliné, l'eau submergeait et découvrait alternativement de grosses touffes d'algues vertes. De temps en temps, à intervalles sans doute réguliers quoique de période complexe, un remous plus fort venait rompre le bercement: deux masses liquides, arrivant à la rencontre l'une de l'autre, se heurtaient avec un bruit de gifle et quelques gouttes d'écume giclaient un peu plus haut contre la paroi.

Alain Robbe-Grillet *Le voyeur*
(Éditions de Minuit)

Notes

une digue chaussée pour retenir les eaux ou protéger une rade ou un port des courants ou de la houle

une bourriche panier pour transporter du gibier, du poisson

un fanal grande lanterne employée soit pour éclairer les différents locaux du bord, soit pour faire des signaux de nuit

Questions

a Qu'est-ce qu'on apprend au sujet de la vie des gens qui travaillent dans ce port?

b Où se trouve ce port à votre avis? Pourquoi?

c Quelle impression avez-vous de l'auteur de cette description?

d Quelle sorte de voyage le petit vapeur vient-il de faire?

e Essayez de décrire l'aspect de ce port par un jour de tempête ou par un jour tout à fait calme.

f Décrivez un port de votre connaissance.

g Décrivez la vie de ceux qui gagnent leur vie par la pêche.

h Imaginez le marché dans un petit port de pêche. Décrivez la scène.

Voyage nocturne

Quand je montai sur le pont supérieur, je n'y trouvai personne. Quelques faibles ampoules électriques éclairaient seules, çà et là, ce pont désert.

Le long du navire les quais défilaient. Ils arrivaient sur l'eau, huileuse et lisse, lentement, dans le plus grand silence. Leurs socles massifs, à notre passage, soulevaient des spectres, hangars-fantômes, monstrueuses grues, passerelles hallucinantes . . . Tous ces êtres semblaient voués à l'impuissance et abandonnés à la nuit humide. Parfois, sur une toiture de zinc, un panneau de bois se dressait, qui annonçait, en lettres blanches et monumentales, le nom d'une Compagnie maritime. Un cargo à la poupe haute apparaissait puis disparaissait derrière des piles de caisses. Amarrés à l'écart, de vieux paquebots attendaient, les uns la mort, les autres le bassin de carénage. A leur bord, la nuit et le silence. Plus loin, des wagons en sommeil s'échelonnaient devant des rangées de tonneaux . . .

Et puis, on prit la mer. C'est à peine si un bref remous annonça la passe; et quand je me retournai vers la terre, j'y découvris la constellation tout entière de la ville, étendue de l'Ouest à l'Est dans un brouillard rougeâtre, où montaient des colonnes de fumée volumineuses. Le ciel était bas. Un plafond de brume pesait sur la côte. Le rivage restait invisible. Aussi la ville semblait-elle suspendue sur le gouffre, invisible lui-même, de la mer pesante et ténébreuse. Mais était-ce bien une ville? . . . Et de l'effacement de ses maisons, que la nuit avait englouties, ce qui restait encore de visible, ces milliers de lumières, n'était-ce pas le dessin compliqué d'une pensée?

Henri Bosco
(Éditions Gallimard)

Notes

un socle support, ordinairement carré, plus large que haut
caréner nettoyer ou réparer la carène d'un navire (partie de la coque immergée)

Questions

a Que veut dire la phrase: «Voués à l'impuissance»?
b Quel effet est-ce que cette description vous fait?
c Vous êtes sur un bateau. Quels sont vos sentiments quand il prend la mer?
d Croyez-vous que la ville soit vraiment aussi déserte qu'elle en a l'air?

e Pourquoi les ports ont-ils une telle fascination pour les hommes?

f Vous êtes dans une cabine à bord du navire. Vous regardez par le hublot. Décrivez vos impressions.

g Vous êtes sur le quai. Décrivez ce que vous voyez tout autour de vous et le passage du navire.

h Pourquoi la ville semble-t-elle suspendue sur le gouffre de la mer?

i Essayez d'expliquer, en d'autres termes, la dernière phrase de ce texte. Quelle est la «pensée» dont parle l'auteur?

Le phare

Je me souviens qu'un jour Madeleine et M. de Nièvres voulurent monter au sommet du phare. Il faisait du vent. Le bruit de l'air, qu'on n'entendait point en bas, grandissait à mesure que nous nous élevions, grondait comme un tonnerre dans l'escalier en spirale, et faisait frémir au-dessus de nous les parois de cristal de la lanterne. Quand nous débouchâmes à cent pieds du sol, ce fut comme un ouragan qui nous fouetta le visage, et de tout l'horizon s'éleva je ne sais quel murmure irrité dont rien ne peut donner l'idée quand on n'a pas écouté la mer de très haut. Le ciel était couvert. La marée basse laissait apercevoir entre la lisière écumeuse des flots et le dernier échelon de la falaise le morne lit de l'Océan pavé de roches et tapissé de végétations noirâtres. Des flaques d'eau miroitaient au loin parmi les varechs. Au delà commençait la grande mer, frémissante et grise, dont l'extrémité se perdait dans les brumes. Il fallait y regarder attentivement pour comprendre où se terminait la mer, où le ciel commençait, tant la limite était douteuse, tant l'un et l'autre avaient la même pâleur incertaine, la même palpitation orageuse et le même infini. Je ne puis vous dire à quel point ce spectacle de l'immensité répétée deux fois, et par conséquent double d'étendue, aussi haute qu'elle était profonde, devenait extraordinaire, vu de la plate-forme du phare, et de quelle émotion commune il nous saisit. Chacun de nous en fut frappé diversement sans doute; mais je me souviens qu'il eut pour effet de suspendre aussitôt tout entretien, et que le même vertige physique nous fit subitement pâlir et nous rendit sérieux.

Eugène Fromentin *Dominique*

Notes

le varech nom vulgaire de toutes les plantes marines de la famille des algues

Questions

a Décrivez le temps qu'il fait ce jour-là.

b A quoi l'auteur compare-t-il le bruit et la force du vent?

c Pourquoi le lit de l'Océan était-il morne?

d Quelle est l'idée qui vient à l'auteur quand il regarde la mer?

e Quelle est l'émotion qui saisit l'auteur sur la plate-forme du phare?

f Pourquoi est-ce que l'auteur et ses amis ont pâli et sont devenus sérieux au sommet du phare?

g Décrivez le panorama vu du sommet d'un phare par un beau jour d'été.

h Imaginez vos émotions quand vous montez au sommet d'un phare par un jour gris de la mi-novembre.

3
A la montagne

Le jour approchait

Le jour approchait. La montagne approchait. Des risées couraient dans le brouillard. L'ombre des marcheurs se couchait, bleue, sur la neige. Une coulée d'acide rongeait la crasse du ciel. Isaïe baissa la tête. Il ne voulait pas voir ce qui se passait devant lui. Encore un pas, deux pas, trois pas . . .

«Ça vient!» dit Marcellin.

Isaïe leva les yeux et reçut le paysage en pleine figure, comme un coup de vent. Une gigantesque muraille se dressait au-dessus de la terre blanche. Tailladées d'ombres obliques, cirées de verglas, ciselées, vitrifiées, aiguisées à l'extrême, les cimes incrustaient dans l'espace leur architecture ennemie des humains. Des névés luisaient comme des éclats de porcelaine dans des nids de roches abruptes. Une dentelle aux mailles lâches pendait sur le flanc d'un pic, hérissé de redents pointus. A gauche, dominant une paroi lisse et sombre, un casque de glace éparpillait les premiers rayons du soleil. C'était là-haut qu'il fallait grimper. Dans le ciel, des éponges roses voguaient vers un petit lac de jade, qui disparut bientôt, asséché par leurs masses buveuses de lumière. D'autres monstres de vapeur, aux nageoires effilochées, se hâtaient de couvrir les derniers trous de clarté. Les courants atmosphériques brassaient, autour des sommets, une pâte amorphe, dont les filaments demeuraient accrochés aux moindres aspérités du rempart. Isaïe observait intensément ce combat silencieux, où l'air et la pierre mesuraient leurs forces. Un équilibre mystérieux s'établissait entre l'énergie qu'il avait dépensée et la beauté du spectacle dont il était le témoin. Sans doute, rien de tout cela n'aurait eu lieu en son absence. Le soleil se levait pour lui seul et, pour lui seul, les montagnes acceptaient les couleurs de l'aurore. Il était responsable, en quelque sorte, de cette création éblouissante et hostile. Il retira ses gants et se signa, sans quitter du regard les lames pétrifiées qui mordaient le ciel.

Henri Troyat *La neige en deuil*
(Flammarion/Harrap)

Notes

une risée augmentation subite de vent, plus durable qu'une rafale
un névé amas de neige en cours de transformation en glace, et qui donne naissance à un glacier

Questions

a Pourquoi Isaïe ne voulait-il pas voir, au premier abord, ce qui se passait devant lui?
b A quoi reconnaît-on que l'auteur veut nous montrer une montagne «ennemie des humains»?
c Croyez-vous que la montagne soit vraiment aussi hostile qu'elle en a l'air?
d Décrivez la route que les alpinistes prendraient pour arriver au sommet.
e Dans quel sens est-il vrai de dire que «rien de tout cela n'aurait eu lieu» si Isaïe n'avait pas été observateur?
f Pourquoi Isaïe s'est-il signé?
g Quelle est l'attitude de l'auteur envers la montagne, à en juger par ce passage?
h Décrivez votre arrivée au sommet d'une montagne toute couverte de neige.

Le Chenoua

Je désirais revoir le Chenoua, cette lourde et solide montagne, découpée dans un seul bloc, qui longe la baie de Tipasa à l'ouest, avant de descendre elle-même dans la mer. On l'aperçoit de loin, bien avant d'arriver, vapeur bleue et légère qui se confond encore avec le ciel. Mais elle se condense peu à peu, à mesure qu'on avance vers elle, jusqu'à prendre la couleur des eaux qui l'entourent, grande vague immobile dont le prodigieux élan aurait été brutalement figé au-dessus de la mer calmée d'un seul coup. Plus près encore, presque aux portes de Tipasa, voici sa masse sourcilleuse, brune et verte, voici le vieux dieu moussu que rien n'ébranlera, refuge et port pour ses fils, dont je suis.

C'est en le regardant que je franchis enfin les barbelés pour me retrouver parmi les ruines. Et sous la lumière glorieuse de décembre, comme il arrive une ou deux fois seulement dans des vies qui, après cela, peuvent s'estimer comblées, je retrouvai exactement ce que j'étais venu chercher et qui, malgré le temps et le monde, m'était offert, à moi seul vraiment, dans cette nature déserte. Du forum jonché d'olives, on découvrait le village en contrebas. Aucun bruit n'en venait: des fumées légères montaient dans l'air limpide. La mer aussi se taisait, comme suffoquée sous la douche ininterrompue d'une lumière étincelante et froide. Venu du Chenoua, un lointain chant de coq célébrait seul la gloire fragile du jour. Du côté des ruines, aussi loin que la vue pouvait porter, on ne voyait que des pierres grêlées et des absinthes, des arbres et des colonnes parfaites dans la transparence de l'air cristallin. Il semblait que la matinée se fût fixée, le soleil arrêté pour un instant incalculable. Dans cette lumière et ce silence, des années de fureur et de nuit fondaient lentement. J'écoutais en moi un bruit presque oublié, comme si mon cœur, arrêté depuis longtemps, se remettait doucement à battre.

Albert Camus *L'été—Retour à Tipasa*
(Éditions Gallimard)

Notes

le barbelé fil de fer muni de pointes et utilisé comme clôture

Questions

a Pourquoi l'auteur éprouvait-il un si vif désir de revoir le Chenoua?

b Que veut dire l'auteur quand il écrit que la montagne ressemble à un «vieux dieu moussu»?

c Décrivez la vie quotidienne des habitants du village sur les pentes de la montagne.

d Camus parle ici des «ruines». Quelle sorte de bâtiment a été détruit, à votre avis, et dans quelles circonstances?

e De quelle manière les montagnes au bord de la mer se distinguent-elles des montagnes alpines?

f Qu'est-ce qui s'est passé, à votre avis, pendant «les années de fureur et de nuit»?

g Pourquoi le cœur de l'auteur s'est-il remis à battre?

h Quelles émotions éprouvez-vous quand vous regardez une haute montagne?

«Le sort de mon mari dépend du vent»

Mardi 23 février—Il est 7 heures. Chargé de sauveteurs, un hélicoptère s'envole en clignotant. Une seule étoile brille entre le pic du Midi et le mont Blanc. La vitesse du vent dans les hauteurs semble terrifiante. On voit des nuages de neige s'échapper des sommets comme le duvet d'un édredon.

L'hélicoptère revient: impossible de poser l'appareil. C'est la soufflerie de l'enfer.

Autre chose: les observateurs ont vu des signaux de détresse conformes au code international.

Un incident—presque rien—dans tout ce vacarme. La mère de Serge Gousseault, si tranquille jusqu'ici disparaît. Sans le dire à personne, elle a pris un taxi, demandé au chauffeur de traverser le tunnel du Mont-Blanc. Elle est arrivée à Courmayeur pour regarder la crête des Grandes Jorasses. Elle revient un peu plus tard, escortée par un ami.

Bulletin de la météorologie: «L'amélioration s'étendra à toute la région. Le vent passera à nord-est modéré.»

Mercredi 24 février—Les hélicoptères ronronnent—et ne passent pas. La montagne les rejette de toutes ses bouches.

A Chamonix le pessimisme est général. Sur une intervention officielle, d'autres appareils arrivent, dont un, un gros hélicoptère S.A.330.

Simone Desmaison: «Mais c'est fou, fou . . . Le sort de mon mari dépend du vent, vous vous rendez compte! Le vent, le vent . . . Cette nuit, je ne pouvais pas dormir. Je suis sortie sur la terrasse du chalet. J'ai regardé vers les Grandes Jorasses . . . René était là-bas, si près, si près . . . Mais que lui est-il arrivé?»

Nanouk: «Si on a confiance, il faut l'avoir jusqu'au bout . . .» Mais j'ai vu en la regardant, que le cœur parlait. Ce n'était déjà plus la tête.

Quatre-vingt-dix mètres plus haut, en plein ciel, les alpinistes allemands attendent. Entre deux nuages, j'aperçois par moments les lumières de la lointaine vallée, les lumières de la vie. Les nuits sont longues pour les prisonniers de la montagne. Nous lançons des cris vers le haut. Silence complet.

Joffray *Paris Match*

Questions

a Où cet incident a-t-il eu lieu? En quelle saison?

b Pourquoi est-ce que la mère de Serge Gousseault a disparu tout d'un coup?

c Pourquoi le pessimisme est-il général à Chamonix le 24 février?

d Que veut dire Simone Desmaison quand elle fait remarquer: «Le sort de mon mari dépend du vent»?

e Qu'est-il arrivé, à votre avis, aux alpinistes?

f Racontez la suite de l'histoire.

g «. . . Le cœur parlait. Ce n'était déjà plus la tête.» Expliquez cette phrase.

h Vous êtes un des «prisonniers de la montagne.» Décrivez ce que vous pensez et ce que vous faites pendant que les autres vous cherchent.

i Il y en a qui disent: «L'alpinisme, c'est une perte de temps, et parfois de vie.» Êtes-vous du même avis?

j Qu'est-ce qui pousse les hommes à faire de l'alpinisme? Êtes-vous tenté de le faire?

4
Portraits: des vieux

Le bibliothécaire

C'est toujours le même bibliothécaire: un petit homme sec et gris, à barbiche, quoiqu'il eût de grandes oreilles un peu sourd (à tel point que, quand j'essaie de me le représenter, je vois son visage asymétrique parce qu'il ouvrait toujours autour de son oreille droite le pavillon de ses deux mains), et qui trottine si menu que les souris doivent le prendre pour l'une d'elles. Il était grand diseur de patenôtres et surveillait mes lectures avec une pieuse sollicitude. La municipalité le payait mal, mais il s'en vengeait et s'en consolait en s'acquittant des devoirs de sa charge d'ailleurs très ponctuellement, mais «pour la plus grande gloire de Dieu», veillant à ce que les lecteurs ne fissent que de bonnes lectures et préparassent leur salut. Je pense bien qu'il a lui-même un peu peur de tant de mauvaises pensées imprimées qui l'environnent et se croit semblable à quelque archange à qui Dieu, pour l'éprouver, aurait confié l'administration d'un enfer. Mais il ne succombe pas à la tentation, et, juché sur sa chaise à son bureau comme sur le rocher de la foi, il nargue ses milliers de livres, toute la pensée des siècles, tout le bavardage du monde, lisant avec les délices d'une piété triomphante la dernière *Semaine religieuse*.

Jean Guéhenno *Journal d'un homme de 40 ans*
(Éditions Bernard Grasset)

Notes

narguer braver avec insolence

Questions

a Qu'est-ce qui résultait de la surdité du bibliothécaire?
b En quoi ressemblait-il aux souris?
c Que faisait-il pour se venger de son salaire dérisoire?
d Que faisait-il pour surveiller les lecteurs?
e Quelle était son attitude envers Dieu?
f Que faisait-il pour combattre le diable?
g Est-ce que l'auteur trouvait le bibliothécaire sympathique? Donnez vos raisons.
h Décrivez un bibliothécaire de votre connaissance.

L'écrivain-berger

Retiré dans les collines de Haute-Provence, Marcel Légaut s'est fait berger. La prophétie de Jean Guitton s'est réalisée. De l'ancienne abbaye, trois corps de bâtiments subsistent. Le nouveau maître des lieux en a ajouté un quatrième: sa maison, une bâtisse grisâtre qui contraste avec les murs séculaires aux pierres lumineuses et patinées. Vaille que vaille, il a retapé l'église abbatiale et l'a donnée à ses deux cents brebis en guise de bergerie. C'est au rez-de-chaussée, dans la grande salle à manger, que l'écrivain-berger et les siens prennent leurs repas. Le soir venu, par un escalier abrupt et étroit, il regagne sa chambre, chichement éclairée par une petite fenêtre qui s'ouvre sur la cour. Dans un coin, un lit surmonté d'un crucifix, une table encombrée de papiers et d'une pendule baroque; dans l'autre, un buffet sert de bibliothèque.

Démarche lente et lourde, visage sec, grosse moustache poivre et sel, béret basque toujours «vissé» sur la tête, chemise de laine et veste de velours, celui que certains appellent le «Giono chrétien» ou le «Teilhard berger» a décidé, voici sept ans, de livrer au monde chrétien le fruit de toute une vie de méditation et de recherche.

Robert Serrou *Paris Match*

Notes

chichement peu abondamment

Questions

a Pourquoi, à votre avis, est-ce que l'écrivain s'est retiré dans les collines ?

b Quelle est la différence principale entre la demeure qu'il s'est bâtie et les bâtiments qu'il a trouvés sur les lieux ?

c Qu'a-t-il fait pour effectuer la transformation de l'ancienne abbaye ?

d Expliquez le sens du mot «séculaire».

e Qu'est-ce qui fait penser que le berger n'a pas abandonné son ancienne profession ?

f Décrivez l'allure du berger.

g Est-ce que l'attitude de l'auteur envers l'écrivain-berger est sympathique ? Comment est-ce qu'on le sait ?

h Aimeriez-vous aller vivre le reste de vos jours dans des collines loin du monde ? Pourquoi (pas) ?

Tante Clarisse

Tante Clarisse alors avait passé de peu la soixantaine. Elle était petite et alerte. Ce qui frappait en elle, c'était sa vivacité. Elle ne pouvait pas tenir en place. A peine assise, elle frémissait d'impatience et d'un bond se levait. Jamais, au grand jamais, elle ne restait inactive. Elle s'inventait, malgré elle, mille petits travaux, qui la rendaient extrêmement nerveuse. «Je suis accablée, disait-elle avec humeur; on n'en finit plus.» Elle n'en finissait plus, en effet. Et de laver, et de balayer, de frotter, de polir, de coudre. Tout cela dans la fièvre. Elle avait cette hâte, un peu dramatique, des gens pour qui le temps est toujours en avance sur l'ouvrage. Elle s'en prenait à lui, à tous les moments. Elle regardait la pendule, gémissait; puis elle courait après les aiguilles et s'accrochait aux plus humbles minutes, mais sans succès. Les minutes s'échappaient toujours. «Déjà midi! Déjà six heures!» On n'entendait que cela à longueur de journée.

Pendant ce temps, l'esprit, d'une agilité incroyable, marchait plus vite encore que les heures. Désespérément en retard sur tous les travaux qu'elle avait à faire, Tante Clarisse était en avance toujours sur ce qu'elle faisait. D'où une accumulation progressive d'ouvrages en attente, dont la pensée la mettait aux cent coups. Excédée, elle s'adressait à eux comme à des créatures: «Vous m'agacez, leur criait-elle. Chacun son tour! Et puis, quoi?

Vous ferez la queue. D'autres l'ont faite. J'ai d'abord quatre draps à repriser et une lessive!» Et à part: «Bon! ils ont compris. Ça ira.»

Henri Bosco *Le mas Théotime*
(Éditions Gallimard)

Questions

a Que faisait la tante Clarisse pour passer le temps?
b Que veut dire «des gens pour qui le temps est toujours en avance sur l'ouvrage»?
c Avez-vous l'impression que la tante Clarisse aimait bien la routine quotidienne?
d A quoi pensait la tante Clarisse pendant qu'elle s'occupait d'une tâche?
e Quelle est l'attitude de l'auteur envers la tante Clarisse?
f Décrivez un homme ou une femme de votre connaissance qui a plus de 80 ans.
g Décrivez un homme ou une femme d'un certain âge.
h Décrivez votre oncle ou votre tante préféré(e).

5
Portraits: des jeunes

Le nouveau venu

C'était un grand garçon de dix-sept ans environ. Je ne vis d'abord de lui, dans la nuit tombante, que son chapeau de feutre paysan coiffé en arrière et sa blouse noire sanglée d'une ceinture comme en portent les écoliers. Je pus distinguer aussi qu'il souriait . . .

Il m'aperçut, et, avant que personne eût pu lui demander aucune explication:

«Viens-tu dans la cour?» dit-il.

J'hésitai une seconde. Puis, comme Millie ne me retenait pas, je pris ma casquette et j'allai vers lui. Nous sortîmes par la porte de la cuisine et nous allâmes au préau, que l'obscurité envahissait déjà. A la lueur de la fin du jour, je regardais, en marchant, sa face anguleuse au nez droit, à la lèvre duvetée.

«Tiens, dit-il, j'ai trouvé ça dans ton grenier. Tu n'y avais donc jamais regardé?»

Il tenait à la main une petite roue en bois noirci; un cordon de fusées déchiquetées courait tout autour; ç'avait dû être le soleil ou la lune au feu d'artifice du Quatorze Juillet.

«Il y en a deux qui ne sont pas parties: nous allons toujours les allumer» dit-il d'un ton tranquille et de l'air de quelqu'un qui espère bien trouver mieux par la suite.

Il jeta son chapeau par terre et je vis qu'il avait les cheveux complètement ras comme un paysan. Il me montra les deux fusées avec leurs bouts de mèche en papier que la flamme avait coupés, noircis, puis abandonnés. Il planta dans le sable le moyeu de la roue, tira de sa poche—à mon grand étonnement, car cela nous était formellement interdit—une boîte d'allumettes. Se baissant avec précaution, il mit le feu à la mèche. Puis, me prenant par la main, il m'entraîna vivement en arrière.

Un instant après, ma mère qui sortait sur le pas de la porte, avec la mère de Meaulnes, après avoir débattu et fixé le prix de pension, vit jaillir sous le préau, avec un bruit de soufflet, deux gerbes d'étoiles rouges et blanches; et elle put m'apercevoir, l'espace d'une seconde, dressé dans la lueur magique, tenant par la main le grand gars nouveau venu et ne bronchant pas . . .

Alain-Fournier *Le grand Meaulnes*
(Harrap)

Notes

un préau partie couverte de la cour, dans une école

Questions

a L'aspect du nouveau venu vous semble-t-il révéler, dans une certaine mesure, son caractère?

b Pourquoi est-ce que le Quatorze Juillet est un jour de fête en France?

c Où se déroule cet épisode? Quels sont les détails qui vous indiquent cela?

d Pourquoi le grand garçon a-t-il entraîné l'autre vivement en arrière quand il a mis le feu à la mèche?

e Pourquoi est-ce qu'un nouveau venu le trouve normalement difficile d'établir le contact avec les autres?

f Décrivez votre arrivée à votre école primaire.

g Décrivez vos sentiments le jour où vous êtes arrivé à votre école secondaire.

h Décrivez des feux d'artifice auxquels vous avez assisté.

Désiré Wasselin

Je ne peux dire que Désiré Wasselin devint mon ami: le verbe devenir suppose un développement, un progrès. Or, dès la première minute, Désiré fut un ami total, accompli, l'ami par excellence. J'ai rencontré, chéri, depuis, des amitiés magnifiques dont certaines sont encore l'ornement de mes jours; nulle ne m'a donné plus de joie, d'orgueil et de souci que celle de Désiré le mauvais élève, Désiré le douloureux.

Il commença par me sauver la vie, ou presque. C'est un épisode légendaire que dix imaginations fécondes ont, pendant longtemps, nourri, car la langue nous est donnée pour inventer l'héroïsme sans lequel vivre nous serait à mépris.

Nous revenions de l'école, un jour du mois de mai. Maman, comme de coutume, nous guettait, du haut du balcon, là-haut, tout en haut, dans le ciel. Ferdinand venait déjà de s'engager sous la porte et moi je musais encore au coin de la rue, faisant valser mon cartable à bout de bras et chantonnant, quand un chien inconnu, un chien étranger à notre monde, exaspéré par mon manège, me sauta férocement à la poitrine et me renversa par terre. J'en étais encore à comprendre et, déjà, Désiré se ruait sur la bête. Il l'avait saisie par le col et tel Hercule-enfant étranglant un monstre, il serrait, les veines du front tuméfiées par l'effort. Maman, penchée sur le balcon, emplissait l'espace d'appels dramatiques. Un charretier mit la bête en fuite. Désiré Wasselin avait été mordu en deux places, à la main et au poignet. Pâle et sanglant, qu'il me parut admirable! Il me prit dans ses bras, encore que je fusse sain et sauf, et m'emporta dans l'escalier. Toute la maison parut aux portes. Maman pleurait à chaudes larmes en pansant mon sauveteur avec du beurre frais et cette bonne charpie dont elle avait toujours une petite provision.

Georges Duhamel *Le notaire du Havre*
(Mercure de France/Harrap)

Notes

la charpie filaments de linge usé avec lesquels on pansait les plaies autrefois

Questions

a A quels égards Désiré serait-il un mauvais élève, à votre avis?

b Pourquoi l'auteur parle-t-il de «Désiré le douloureux»?

c Comment est-ce qu'on aurait pu rendre cette histoire plus passionnante encore?

d Pourquoi est-ce que «maman» guettait les enfants du haut du balcon?

e Imaginez les cris que poussait maman.

f Comment le charretier aurait-il réussi à mettre la bête en fuite?

g Vous êtes Désiré et vous venez de sauver votre ami. Tout le monde vous félicite. Décrivez vos sentiments.

h Décrivez la réaction de la mère de Désiré quand il est rentré chez lui.

Le lanceur de boules puantes

C'est au mois de mars que commença l'affaire des «boules puantes».

Ces boules n'étaient que de grosses larmes de verre, pleines d'un liquide jaunâtre, dont je sus plus tard que c'était de l'hydrogène sulfuré. Elles se brisaient au moindre choc, et empoisonnaient immédiatement l'atmosphère d'une épouvantable odeur.

Le premier lanceur de boules puantes, je veux dire le premier de cette année-là dont l'exploit eut fait quelque bruit, fut un certain Barbot, de 4ᵉB qui réussit—sans le vouloir—un coup de maître car le fragile projectile (qui ne visait rien d'autre qu'un point de chute quelconque) explosa sur le sommet du crâne de Tignasse, dont la longue chevelure en fut si merveilleusement empestée qu'il dut se résigner à la sacrifier, et à nous révéler ainsi son véritable visage, c'est-à-dire une aimable bille de clown.

Cet exploit resta anonyme, mais la gloire de Barbot fut grande chez les initiés. C'est pourquoi Soliman, un turc de 5ᵉB, voulut le dépasser, par l'ingénieux emploi d'une technique nouvelle. Il l'expérimenta pendant la classe de M. Verdot, un professeur de mathématiques au visage grave et triste, dont on ne savait rien encore, car il venait d'un autre lycée. On disait que nul ne l'avait vu sourire et on l'appelait «Funérailles».

Soliman, qui semblait disposer de capitaux importants, acheta (au bazar de la rue Sibié) cinq boules puantes d'une exceptionnelle grosseur. Mais au lieu de lancer tout bêtement ces capsules (opération dangereuse, et de plus indélicate, car elle peut faire condamner un voisin innocent) il se glissa dans la classe avant l'heure, et les disposa en quinconce sous la chaire, aux endroits où Funérailles poserait probablement ses pieds, qui étaient grands.

«Comme ça, avait annoncé Soliman, c'est lui qui en profitera le premier!»

Ces conjectures se révélèrent justes.

Marcel Pagnol dans *Paris Match*

Notes

un turc homme cruel (dans ce cas, méchant élêve)

un quinconce assemblage d'objets disposés par cinq: quatre en carré, en rectangle ou en losange, et un au milieu

Questions

a Trouveriez-vous amusant de lancer des boules puantes? Où est-ce que cela produirait le meilleur effet?

b Comment est-ce que Tignasse a réagi quand il a dû sacrifier sa longue chevelure?

c Qu'est-ce que l'auteur entend par l'expression «les initiés»?

d Pourquoi est-ce que M. Verdot avait le visage grave et triste?

e Soliman «semblait disposer de capitaux importants». Qu'est-ce que cela veut dire?

f Qu'est-ce que la dernière phrase nous indique?

g Pourquoi les élèves s'amusent-ils quelquefois à taquiner les professeurs?

h Aimeriez-vous devenir professeur ou non? Pourquoi?

i Décrivez un professeur au visage grave et triste qui ne sourit jamais.

6
Des voyages

Arrivée à Paris

Après avoir satisfait aux curiosités de la douane, il reprit le train pour Paris. La nuit couvrait les champs, trempés de pluie. Les lumières brutales des gares faisaient ressortir plus durement la tristesse de l'interminable plaine ensevelie dans l'ombre. Les trains que l'on croisait, de plus en plus nombreux, déchiraient l'air de leurs sifflets, qui secouaient la torpeur des voyageurs assoupis. On approchait de Paris.

Une heure avant l'arrivée, Christophe était prêt à descendre; il avait enfoncé son chapeau sur sa tête; il s'était boutonné jusqu'au cou par crainte des voleurs, dont on lui avait dit que Paris était plein; il s'était levé et rassis vingt fois; il avait vingt fois déplacé sa valise du filet à la banquette, et de la banquette au filet, pour l'agacement de ses voisins, qu'avec sa maladresse il heurtait, à chaque fois.

Au moment d'entrer en gare, le train s'arrêta en pleine nuit. Christophe s'écrasait la figure contre les vitres, et tâchait vainement de voir. Il se retournait vers ses compagnons de voyage, quêtant un regard qui lui permît d'engager la conversation, de demander où l'on était. Mais ils sommeillaient, ou ils faisaient semblant, l'air renfrognés et ennuyés; aucun ne faisait un mouvement pour s'expliquer l'arrêt . . . Il finit par s'asseoir, découragé, sur sa valise, culbutant à chaque cahot du train, et il s'assoupissait à son tour, quand il fut réveillé par le bruit des portières qu'on ouvrait . . . Paris! . . . Ses voisins descendaient.

Bousculant et bousculé, il se dirigea vers la sortie, repoussant les facteurs qui s'offraient à porter son bagage.

Romain Rolland *Jean-Christophe*
(Éditions Albin Michel)

Questions

a Quelles sont les curiosités de la douane auxquelles il faut satisfaire ?

b Pourquoi la plaine avait-elle l'air triste ?

c Pourquoi faut-il que les trains sifflent de temps en temps ?

d On avait dit à Christophe que Paris était plein de voleurs. Quels autres conseils lui aurait-on donnés, à votre avis ?

e Pourquoi Christophe trouve-t-il si difficile de rester assis ?

f Pourquoi Christophe s'écrasait-il la figure contre les vitres ?

g Vous êtes un des autres voyageurs dans le compartiment. Qu'est-ce que vous pensez de la conduite de Christophe ?

h Qu'est-ce que Christophe cherche à Paris, à votre avis ?

i Décrivez votre arrivée à une grande gare grouillant de monde.

Le métro

Comme concitoyens et commères continuaient à discuter le coup, Zazie s'éclipsa. Elle prit la première rue à droite, puis la celle à gauche, et ainsi de suite jusqu'à ce qu'elle arrive à l'une des portes de la ville. De superbes gratte-ciel de quatre ou cinq étages bordaient une somptueuse avenue sur le trottoir de laquelle se bousculaient de pouilleux éventaires. Une foule épaisse et mauve dégoulinait d'un peu partout. Une marchande de ballons Lamoricière, une musique de manège ajoutaient leur note pudique à la virulence de la démonstration. Émerveillée, Zazie mit quelque temps à s'apercevoir que, non loin d'elle, une œuvre de ferronnerie baroque plantée sur le trottoir se complétait de l'inscription MÉTRO. Oubliant aussitôt le spectacle de la rue, Zazie s'approcha de la bouche, la sienne sèche d'émotion. Contournant à petits pas une balustrade protectrice, elle découvrit enfin l'entrée. Mais la grille était tirée. Une ardoise pendante portait à la craie une inscription que Zazie déchiffra sans peine. La grève continuait. Une odeur de poussière ferrugineuse et déshydratée montait doucement de l'abîme interdit. Navrée, Zazie se mit à pleurer.

Elle y prit un si vif plaisir qu'elle alla s'asseoir sur un banc pour y larmoyer avec plus de confort.

Raymond Queneau *Zazie dans le métro*
(Éditions Gallimard)

Notes

une commère femme curieuse, bavarde
un éventaire étalage à l'extérieur d'une boutique
dégouliner (*lit.*) couler goutte à goutte

Questions

a De quoi les commères parlent-elles d'habitude?
b Décrivez «le spectacle de la rue» que Zazie a oublié.
c Pourquoi Zazie avait-elle la bouche sèche d'émotion en entrant dans la station de métro?
d Quelle était l'inscription que Zazie a lue dans le métro?
e D'où vient que l'odeur du métro est poussiéreuse, ferrugineuse et déshydratée?
f Pourquoi Zazie s'est-elle mise à pleurer?
g Vous êtes un passant qui voit Zazie assise sur un banc. Décrivez-la.
h Décrivez les sentiments d'un enfant de 5 ans quand il descend dans une station de métro pour la première fois.
i «L'enfer, c'est le métro aux heures d'affluence.» Êtes-vous d'accord?

Paris menacé d'étouffement

C'était pourtant dans ce Paris déjà menacé d'étouffement que la circulation atteignit alors la plus grande rapidité qu'on lui ait connue.

Les fiacres allaient plus vite qu'autrefois grâce aux roues caoutchoutées, aux pavages d'un type nouveau et plus souvent refaits, à la meilleure condition des bêtes. Les autos, d'une rapidité suffisante, n'étaient pas assez nombreuses pour s'empêtrer à chaque instant dans leur propre cohue. Les bicyclettes pouvant encore rouler sans péril, des milliers de piétons avaient triplé de vitesse en devenant cyclistes. Les autobus diminuaient d'un bon tiers les temps de parcours des omnibus à chevaux, qui déjà en étaient arrivés à traverser Paris en moins de cinquante minutes. Les autobus démarraient plus vite, grimpaient mieux les côtes, fréquentes en cette ville de collines. Les tramways électriques, les derniers tramways à vapeur trouvaient devant eux de longs morceaux de voie libre. Chaque véhicule n'avait guère à compter qu'avec ses arrêts propres. Des arrêts généraux, commandés au sifflet ou au signal, ne venaient pas tous les deux cents mètres bloquer la circulation. Les premières lignes de métro offraient des itinéraires directs entre des lieux importants. Un réseau compliqué ne donnait pas la tentation d'atteindre à tout prix l'endroit où l'on devait se rendre, comme un but de jeu, en combinant les détours, les louvoiements souterrains, et au risque de piétiner sans fin dans les couloirs coudés des stations de correspondance.

Jules Romains
(Éditions Gallimard)

Notes

un fiacre véhicule tiré par des chevaux, prédécesseur du taxi moderne

un louvoiement détour pour atteindre un but

Questions

a Pourquoi ce Paris était-il déjà menacé d'étouffement?

b Pourquoi la circulation de Paris a-t-elle atteint pendant cette époque la plus grande rapidité qu'on lui ait connue?

c Comparez cette description avec vos propres expériences de la circulation dans une grande ville moderne.

d Trouvez-vous que l'époque que décrit Romains ait été vraiment «le bon vieux temps»?

e Comment résoudre le problème de la circulation dans les grandes villes?

f Décrivez une grande ville à l'heure de pointe par un jour chaud d'été.

g Vous êtes à bord d'une voiture coincée dans un embouteillage. Décrivez ce que vous voyez tout autour de vous.

7
L'espace

La « tenue de Lune »

Comment s'habiller pour explorer la Lune ? Dans quelle matière sont taillées les combinaisons superposées que portent les astronautes ?

La «tenue de Lune» consiste, en fait, en un assemblage complexe de quinze combinaisons superposées. Les cinq premières couches de la tenue—elles sont constituées d'un collant poreux, d'un réseau tricoté à travers lequel passe de l'eau de refroidissement, d'un autre collant plastique ultra-souple, d'une pellicule de nylon recouverte de néoprène (caoutchouc synthétique) et d'un second collant de nylon—forment les sous-vêtements du scaphandre proprement dit. Sur ceux-ci, les astronautes passent un vêtement composé de deux nouvelles couches de nylon caoutchouc et de sept couches de Beta-Kapton, (un plastique nouveau), par-dessus lesquels ils enfilent une combinaison de tissu recouvert de Teflon (celui-même utilisé pour que les poêles modernes n'attachent pas !). A cela s'ajoute un système de purge de l'oxygène inhalé, le casque et sa visière spéciale ainsi que «le système portatif de survie» avec son oxygène et ses appendices de refroidissement. Le tout, y compris les «bottes de Lune» et les gants, les microphones et les écouteurs, pèse 85 kilos terrestres, soit exactement 14 kilos sélénites.

Marc Heimer *Paris Match*

Questions

a Pourquoi faut-il compter assez longtemps pour s'habiller pour l'exploration lunaire ?

b Décrivez pour un enfant de 5 ans l'apparence d'un astronaute vêtu d'un scaphandre.

c Pourquoi les astronautes sont-ils obligés de marcher assez lentement sur la lune?

d Imaginez que vous êtes sur la lune. Soudain vous avez très envie de vous gratter la tête. Que faites-vous?

e Avez-vous envie de voyager sur la lune? Pourquoi (pas)?

L'avion n'est pas un but

L'usage d'un instrument savant n'a pas fait de toi un technicien sec. Il me semble qu'ils confondent but et moyen ceux qui s'effraient par trop de nos progrès techniques. Quiconque lutte dans l'unique espoir de biens matériels, en effet, ne récolte rien qui vaille de vivre. Mais la machine n'est pas un but. L'avion n'est pas un but: c'est un outil. Un outil comme la charrue.

Si nous croyons que la machine abîme l'homme c'est que, peut-être, nous manquons un peu de recul pour juger les effets de transformations aussi rapides que celles que nous avons subies. Que sont les cent années de l'histoire de la machine en regard des deux cent mille années de l'histoire de l'homme? C'est à peine si nous nous installons dans ce paysage de mines et de centrales électriques. C'est à peine si nous commençons d'habiter cette maison nouvelle, que nous n'avons même pas achevé de bâtir. Tout a changé si vite autour de nous: rapports humains, conditions de travail, coutumes. Notre psychologie elle-même a été bousculée dans ses bases les plus intimes. Les notions de séparation, d'absence, de distance, de retour, si les mots sont demeurés les mêmes, ne contiennent plus les mêmes réalités. Pour saisir le monde aujourd'hui, nous usons d'un langage qui fut établi pour le monde d'hier. Et la vie du passé nous semble mieux répondre à notre nature, pour la seule raison qu'elle répond mieux à notre langage.

Chaque progrès nous a chassés un peu plus loin hors d'habitudes que nous avions à peine acquises, et nous sommes véritablement des émigrants qui n'ont pas fondé encore leur patrie.

Nous sommes tous de jeunes barbares que nos jouets neufs émerveillent encore. Nos courses d'avions n'ont point d'autre sens. Celui-là monte plus haut, court plus vite. Nous oublions pourquoi nous le faisons courir. La course, provisoirement, l'emporte sur son objet. Et il en est toujours de même. Pour le colonial qui fonde un empire, le sens de la vie est de conquérir.

Le soldat méprise le colon. Mais le but de cette conquête n'était-il pas l'établissement de ce colon? Ainsi dans l'exaltation de nos progrès, nous avons fait servir les hommes à l'établissement des voies ferrées, à l'érection des usines, au forage de puits de pétrole. Nous avions un peu oublié que nous dressions ces constructions pour servir les hommes.

Antoine de Saint-Exupéry *Terre des hommes*
(Éditions Gallimard)

Questions

a A quoi les progrès techniques devraient-ils servir, à l'avis de Saint-Exupéry?

b A quoi servent-ils pour l'instant?

c Quelles sont les inventions qui ont bouleversé les anciennes notions du temps et de l'espace?

d Pourquoi la vie du passé semble-t-elle mieux répondre à notre nature et à notre langage?

e Quelles sont les habitudes hors desquelles le progrès nous a chassés?

f Quelles sont les valeurs humaines qui ont été perdues de vue?

g Êtes-vous d'accord avec Saint-Exupéry sur son attitude envers le progrès technique?

h Est-ce que les progrès techniques et les hommes ont changé de façon radicale depuis les années trente, époque où Saint-Exupéry a écrit *Terre des hommes?*

Apollo c'est fini

Le vieux mythe de Sisyphe a soudain perdu son sens. L'homme condamné par les dieux à hisser inlassablement un rocher au sommet d'une montagne ne signifie plus rien sur la Lune. Les astronautes d'Apollo XVII nous l'ont prouvé, eux qui ont joué au football avec une roche. Et pourtant ils n'étaient pas sur la Lune pour se livrer à cette démonstration. Ils avaient d'autres missions scientifiques à accomplir, autrement importantes, et en particulier celle d'étudier cette roche qu'ils piétinaient avec tant de désinvolture.

Le programme Apollo est achevé. 270 kilos de roches ont été prélevés sur la Lune et transportés 350,000 kilomètres plus loin sur la Terre.

Dix mille échantillons, la récolte des cinq premiers alunissages, ont été distribués aux savants du monde entier. Mais le gros du butin est enfermé dans des vitrines emplies d'azote dans un laboratoire du centre spatial d'Houston, au Texas.

Au retour d'Apollo XI, le premier navire à avoir atteint la Lune chargé d'explorateurs, lorsque Armstrong, Aldrin et Collins eurent déballé leurs bagages, on crut que cette fois toutes les énigmes que posait notre satellite allaient être percées.

a Comment et quand la Lune avait-elle apparu dans notre système solaire?

b Était-elle un astre à demi éteint ou avait-elle été de tout temps un astre froid et mort?

c Qu'étaient les étranges cratères sur sa surface? Des vestiges d'explosions volcaniques ou des cicatrices laissées par la chute de météorites?

d Existait-il sur la Lune un champ magnétique comparable au nôtre?

e Y avait-il eu sur la Lune une forme de vie?

Les savants n'étaient d'accord sur aucune de ces questions, et cela malgré les puissants télescopes, les caméras perfectionnées, les films ultrasensibles, les spectroscopes dernier cri et les ordinateurs grosse tête qu'ils avaient eus à leur disposition.

La mission Apollo XI pouvait-elle mettre fin à ces débats subtils? Répondre par l'affirmative était mal connaître les hommes et la science. Les savants sont des hommes, et des hommes particulièrement attachés à leurs convictions. Ils ne reconnaissent pas facilement leurs défaites. D'autre part, la science n'est pas une entreprise de mots croisés. Les solutions ne se trouvent pas en dernière page du journal. Le plus souvent les difficultés de ces solutions résultent d'une question mal posée. On ne peut donc pas attendre de révélations éclatantes. Il n'y a pas de miracle dans les laboratoires.

Paris Match

Notes

l'azote gaz simple, incolore, inodore et insipide

Questions

a Quel a été le but principal de la mission d'Apollo XVII ?

b A quoi les roches ramenées sur la terre pourront-elles servir ?

c Pourquoi les hommes s'intéressent-ils tellement à la lune ?

d Est-ce qu'on peut justifier la dépense de tant d'argent pour l'exploration de la lune et de l'espace ?

e Pourquoi aucune mission ne peut-elle mettre fin aux débats des hommes de science ?

f En quoi l'exploration de la lune et de l'espace ressemble-t-elle au supplice de Sisyphe ?

g Pourquoi les hommes sont-ils tellement désireux de découvrir les origines de la lune ?

h Avez-vous envie d'arriver sur la lune ?

8
Le sport

Un « illettré » sportif

Le sport français se porte mal. De loin en loin, quelques victoires parviennent à faire diversion mais à l'heure des grands rendez-vous—Jeux Olympiques et Championnat du Monde de football, par exemple—la France brille essentiellement par son absence.

Cela ne serait pas extrêmement grave si la population dans son ensemble pratiquait le sport. Mais tel n'est pas le cas. La dernière statistique prouve que huit adultes sur dix n'ont aucune activité sportive. Il est aussi dérisoire d'expliquer cet état de fait en disant «Le Français n'est pas sportif» que d'accuser les tribus incultes de Nouvelle-Guinée de ne pas beaucoup aimer la lecture.

A de très rares exceptions près, on n'aime, on ne comprend et on ne pratique le sport que si quelqu'un nous a appris à le faire. Et lorsqu'on est initié encore faut-il obtenir les moyens techniques de le pratiquer. La vérité toute crue est que le jeune Français est un «semi-illettré» sportif. Le sport français n'existe guère que par ses apparences. Ne reposant sur aucune véritable doctrine, il est le fruit pâlot et aigrelet de notre très ancienne et très dualiste système d'éducation: l'esprit d'un côté et le corps, «la guenille» de l'autre.

Le sport vu comme l'une des composantes d'une éducation globale, le sport quotidien facteur d'équilibre, le sport intégré à la vie, ce sport-là n'a toujours pas véritablement pris racine en France. Et cela en dépit d'un besoin accru d'exercices physiques rendus nécessaires par la sédentarité, plaie numéro un de notre civilisation mécanique.

Besoin ressenti avec de plus en plus d'acuité par les habitants des grandes villes notamment.

Guy Lagorce *France-Soir*

Questions

a De quoi l'auteur se plaint-il?
b Quelle est la proportion des adultes participant à une activité quelconque?
c Pourquoi les habitants de la Nouvelle-Guinée n'aiment-ils pas la lecture?
d Où est-ce qu'il faut, à l'avis de l'auteur, apprendre à pratiquer le sport? Êtes-vous d'accord sur ce point?
e Que veut dire un «semi-lettré» sportif?
f Quelle proportion du temps consacre-t-on à la pratique de sports dans votre école? Est-ce trop ou trop peu?
g Que pensez-vous de l'intégration du sport et des exercices physiques à l'éducation globale?
h Quels sont les dangers de la sédentarité? Dans quelle mesure le sport sert-il à les combattre?

Les Jeux Olympiques peuvent-ils survivre?

A l'occasion des Jeux Olympiques de Munich en 1972, 11 membres de l'équipe israélienne furent tués par des Arabes faisant partie de «Septembre noir».

Lorsqu'ils furent créés, au VIIe siècle avant J.-C., les Jeux Olympiques répondaient à l'idée d'une trêve de Dieu. Abominablement divisées, ravagées par d'atroces guerres civiles, les cités grecques convinrent que tout acte d'hostilité serait suspendu sous peine de sacrilège, pendant la durée des compétitions athlétiques. Les Jeux Olympiques ressuscités ne connurent jamais une fortune égale: ils n'arrêtent pas les guerres; ce sont les guerres qui les arrêtent. 1914, 1918, 1940, 1944 manquent à leur ordre de succession. L'idée, toutefois, était parente: mettre le sport, le sport désintéressé, opposant des individus et non pas des nations, au-dessus des luttes civiles et nationales, dans un moment de fraternité par l'effort.

Que les Jeux aient évolué en s'éloignant des deux conceptions aristocratiques de l'individualisme et de l'amateurisme, on peut l'accepter comme une concession inévitable aux pressions économiques du monde moderne. Le danger nouveau est beaucoup plus grave. Il est constitué non pas par une évolution discutable mais par une atteinte au principe même. Les Jeux Olympiques deviennent l'arène de ce qu'ils devraient faire oublier: la lutte des nations et des races.

Le premier coup leur fut donné par le barbare Hitler. Il fit des Jeux de 1936 à Berlin l'apothéose de son idéologie. Après la guerre, l'opposition des conceptions démocratiques et du totalitarisme communiste altéra à nouveau le caractère de la grande parade olympique sans provoquer toutefois d'affrontements sérieux.

Même après avoir divergé dans leur forme sociale, les nations du stade conservaient une base commune d'idées et de principes, respectaient à peu près le principe humaniste et universaliste des Jeux.

Mexico fut un nom noir, et 1968 une étape funeste. L'ouverture des Jeux tint à un fil. Des émeutes qui firent 300 morts s'y opposèrent. Le président Gustave Diaz Ordaz dut relever le défit, appeler de province 12,000 policiers, établir un épais cordon protecteur autour de l'aire olympique, mettre le sport sous la protection de la matraque et de la mitraillette, obtenir enfin du comité qu'il oublie l'article du règlement disant que les Jeux Olympiques ne peuvent avoir lieu dans une ville troublée. Les incidents raciaux eurent plus de portée encore que les désordres extérieurs. Après avoir menacé de boycotter les Jeux, les athlètes noirs substituèrent le salut du poing fermé au salut de la main ouverte . . .

Puis Munich vint, avec sa page d'horreur . . . Les Jeux Olympiques reposaient sur une convention de civilisés. L'invasion des barbares les met en péril. Une autorité comme celle de l'éditeur sportif du «Times» de Londres, John Hennessy, écrit qu'ils survivent à leur raison d'être. La popularité mondiale dont ils jouissent, leur retentissement croissant de quatre ans en quatre ans, leur magnificence et leur utilité pour le progrès des performances sportives ne sont pas nécessairement des garanties de pérennité. Des institutions plus importantes, des sociétés entières ont péri, et très souvent au lendemain de leur apogée. Le sang même dont les Jeux de 1972 sont tachés est peut-être moins grave pour leur avenir que l'invasion de l'oasis olympique par les passions tumultueuses du monde actuel. L'exclusion de la Rhodésie s'est perdue dans le tumulte du massacre de Fürstenfeldbruck.

Raymond Cartier *Paris Match*

Questions

a Pourquoi les Jeux modernes sont-ils loin de réaliser le but des créateurs des Jeux?

b Qu'est-ce que Hitler a essayé de montrer au monde lors des Jeux de 1936?

c A quel point la politique est-elle entrée dans l'arène sportive?

d En quoi des Jeux ayant lieu sous la protection du gouvernement sont-ils une contradiction de l'idée des Grecs?

e Pourquoi des athlètes noirs ont-ils fait le salut du poing fermé au cours des Jeux de 1968?

f Pourquoi les événements de Munich en 1972 ont-ils tellement choqué l'opinion mondiale?

g L'auteur parle du «barbare Hitler» en 1936 et de «l'invasion des barbares» en 1972. En quoi consiste ce barbarisme?

h Pourquoi la survie des Jeux est-elle en péril?

i Croyez-vous que les Jeux Olympiques peuvent continuer à exister?

Le Tour de France

Lors d'un de ses premiers voyages en France, le major Thompson, gentleman typiquement anglais, venait de Gibraltar et après avoir traversé les Pyrénées, poursuivait sa route vers Paris lorsque, à un croisement, deux gendarmes arrêtèrent sa course.

La vue d'un grand déploiement de forces policières m'incita d'abord à penser que l'on était sur le point de cerner un bandit de grand chemin. Cependant, apercevant sur la Nationale un nombreux public qui conversait joyeusement avec la maréchaussée, j'en déduisis que l'événement était moins dramatique. Une colonne de blindés à l'arrêt de l'autre côté de la route, sur un chemin de traverse, me fit croire un instant à un défilé militaire. Mais non; car, bientot, j'entendis le capitaine de gendarmerie dire au jeune lieutenant qui commandait les chars et manifestait son impatience en se donnant de petits coups de badine sur les bottes (ses hommes paraissaient beaucoup moins fâchés):

«Manœuvres ou pas manœuvres, on ne passe pas!»

Il était clair, en somme, que personne ne passerait, ni les Français avec leurs blindés, ni le major Thompson avec sa torpédo, ni même ce monsieur qui, ayant extrait son importance d'une très importante voiture, le classique coupe-file à la main, obtint pour toute réponse ce: «Faites comme les autres, attendez!» que je devais par la suite entendre souvent. Je conclus de ces prémisses que tout trafic était interrompu pour laisser la voie libre au Président de la République et à sa suite, lorsqu'un cri jaillit des poitrines:

«Les voilà!»

Ce singulier pluriel me fit un instant supposer que le chef de l'État allait apparaître avec les Très Gracieux Souverains, alors en France. Quelle ne fut donc ma surprise de voir surgir, en fait de Gracieuses Majestés, deux individus mâles se dandinant sans grâce sur leur bicyclette, curieusement vêtus de boyaux et de maillots aux couleurs criardes, à peine culottés, pour ainsi dire nus, crottés et, dans l'ensemble, assez choquants à voir. On voulut bien m'expliquer—sans que j'aie rien demandé—que ces gens, faisant le tour de France à bicyclette, gagnaient Paris le plus vite possible par les voies les moins rapides, ce qui me parut étrange.

Ce qui me stupéfiait—en l'occurence—n'était pas tant la tenue négligée de ces messieurs, mais le fait que la circulation fût paralysée pour eux par les soins de la police. Pour eux et pour un cortège de camions appartenant à des firmes de pâtes ou d'apéritifs qui, à première vue, n'avaient rien à faire dans l'histoire, mais y étaient, renseignement pris, tout à fait liées. Je sais qu'il existe un Tour d'Angleterre du même genre, mais si peu semblable! D'abord nos coureurs, loin d'interrompre la circulation, la suivent: ils s'arrêtent aux feux rouges, comme tout le monde; il s'agit d'amateurs qui, à l'abri des combinaisons publicitaires, se doublent en s'excusant et quittent leur vélo pour le thé; enfin ces jeunes gens, auxquels personne ne prête attention, sont correctement habillés.

Pierre Daninos *Les carnets du major Thompson*
(Hachette)

Notes

la maréchaussée corps chargé jadis à veiller sur la sûreté publique
un blindé véhicule de combat recouvert d'une cuirasse d'acier protégeant contre le tir de l'ennemi.
une badine baguette, canne mince et flexible
une torpédo automobile décapotable à profil allongé

un coupe-file carte délivrée par la préfecture de police et qui permet de couper les files de voitures, les barrages d'agents
un boyau mince chambre à air pour pneu

Questions

a En quoi le major Thompson s'était-il trompé sur l'origine du déploiement de forces policières?

b Est-il nécessaire, à votre avis, de déployer des forces tellement importantes à l'occasion d'une activité sportive?

c Décrivez les préparatifs d'un défilé auquel vous avez assisté.

d Décrivez le départ des cyclistes participant au Tour de France par un jour pluvieux.

e Vous êtes un cycliste qui participe pour la première fois. Vous vous trouvez à côté de celui qui porte le maillot jaune (celui qui a gagné l'étape précédante). Décrivez vos sentiments.

f Y a-t-il une différence dans l'attitude envers le sport de la part des Français et des Anglais?

g Pourquoi les coureurs sont-ils accompagnés d'un cortège nombreux?

h Discutez: «Le cyclisme comme moyen d'évasion de la vie affairée».

9
La vie intérieure

La nuit

Des guirlandes d'étoiles descendaient du ciel noir au-dessus des palmiers, et des maisons.

Aucun souffle, aucun bruit, sinon, parfois, le crépitement étouffé des pierres que le froid réduisait en sable, ne venait troubler la solitude et le silence qui entouraient Janine. Au bout d'un instant, pourtant, il lui sembla qu'une sorte de giration pesante entraînait le ciel au-dessus d'elle. Dans les épaisseurs de la nuit sèche et froide, des milliers d'étoiles se formaient sans trêve et leurs glaçons étincelants, aussitôt détachés, commençaient de glisser insensiblement vers l'horizon. Janine ne pouvait s'arracher à la contemplation de ces feux à la dérive. Elle tournait avec eux et le même cheminement immobile la réunissait peu à peu à son être le plus profond, où le froid et le désir maintenant se combattaient. Devant elle, les étoiles tombaient, une à une, puis s'éteignaient parmi les pierres du désert, et à chaque fois Janine s'ouvrait un peu plus à la nuit. Elle respirait, elle oubliait le froid, le poids des êtres, la vie démente ou figée, la longue angoisse de vivre et de mourir. Après tant d'années où, fuyant devant la peur, elle avait couru follement, sans but, elle s'arrêtait enfin. En même temps, il lui semblait retrouver ses racines, la sève montait à nouveau dans son corps qui ne tremblait plus. Pressée de tout son ventre contre le parapet, tendue vers le ciel en mouvement, elle attendait seulement que son cœur encore bouleversé s'apaisât à son tour et que le silence se fît en elle. Les dernières étoiles des constellations laissèrent tomber leurs grappes un peu plus bas sur l'horizon du désert, et s'immobilisèrent. Alors, avec une douceur insupportable, l'eau de la nuit commença d'emplir Janine, submergea le froid, monta peu à peu du centre obscur de son être et déborda en flots ininterrompus jusqu'à sa bouche pleine de gémissements. L'instant d'après, le ciel entier s'étendait au-dessus d'elle, renversée sur la terre froide.

Albert Camus *L'exil et le royaume—La femme adultère*
(Éditions Gallimard)

Questions

a Comment est-ce qu'on arrive à croire que Janine est heureuse?
b Comment est-ce que Camus suggère le mouvement du ciel?
c A quoi Camus compare-t-il la nuit dans la phrase qui commence par «l'eau de la nuit»?
d Pourquoi les étoiles sont-elles tellement importantes ici?
e Vous vous trouvez sur une falaise par une nuit couverte. Décrivez la scène et vos sentiments.
f Décrivez les émotions de Janine au début et à la fin de ce passage.
g Vous êtes seul(e) au sommet d'une montagne en plein été. Décrivez la scène et vos sentiments.
h Quelle est l'attitude de l'auteur envers la nature?
i Quelle est votre attitude envers la nature?

Des hommes sans but

Il est deux cents millions d'hommes, en Europe, qui n'ont point de sens et voudraient naître. L'industrie les a arrachés au langage des lignées paysannes et les a enfermés dans ces ghettos énormes qui ressemblent à des gares de triage encombrées de rames de wagons noirs. Du fond des cités ouvrières, ils voudraient être réveillés.

Il en est d'autres, pris dans l'engrenage de tous les métiers, auxquels sont interdites les joies du pionnier, les joies religieuses, les joies du savant. On a cru que pour les grandir il suffisait de les vêtir, de les nourrir, de répondre à tous leurs besoins. Et l'on a peu à peu fondé en eux le petit bourgeois de Courteline, le politicien de village, le technicien fermé à la vie intérieure. Si on les instruit bien, on ne les cultive plus. Il se forme une piètre opinion sur la culture celui qui croit qu'elle repose sur la mémoire de formules. Un mauvais élève du cours de Spéciales en sait plus long sur la nature et sur ses lois que Descartes et Pascal. Est-il capable des mêmes démarches de l'esprit?

Antoine de Saint-Exupéry *Terre des hommes*
(Éditions Gallimard)

Notes

une gare de triage ensemble de voies où s'exécute le classement des wagons de marchandises suivant leur destination
l'engrenage concours de circonstances se compliquant mutuellement
Courteline écrivain français, né à Tours (1860–1929); il recouvre d'une bouffonnerie pleine de verve une observation parfois amère

Questions

a Pourquoi les gens dans les villes n'ont-ils pas de sens?
b Décrivez la vie de campagne à laquelle les habitants des villes ont été arrachés.
c Pourquoi les citadins voudraient-ils être réveillés?
d Pourquoi n'y a-t-il plus de joie dans la vie quotidienne des ouvriers?
e Quelle est la différence que propose l'auteur entre «instruire» et «cultiver»?
f Quel effet une insistance sur la mémoire des formules peut-elle avoir?
g Quelle est la différence entre le mauvais élève du cours de Spéciales et Descartes et Pascal?
h Pourquoi Saint-Exupéry n'aimait-il pas les villes industrialisées?
i Partagez-vous l'avis de Saint-Exupéry?

Je n'apprendrais rien

Je n'apprendrais rien si je devais me heurter violemment aux harmonies que cette terre compose avec patience et certitude. Quand il me faut à moi-même un temps déjà énorme pour comprendre les sombres vergers de châtaigniers et pour jouir paisiblement de tout ce qu'ils sont, il ne m'est plus possible de comprendre mon déplacement—mon savoureux et mon égoïste déplacement—s'il ne met d'accord sa vitesse avec la transmission harmonique qui compose la vaste unité du pays. Qu'est-ce qu'il me faut pour dévaler cette route en automobile et atteindre le bord de l'horizon à l'endroit même où il semble qu'il surplombe les larges chemins sur lesquels circulent les étoiles et le soleil? Il ne me faut que quelques heures à travers les vergers d'oliviers, les amandiers, les fleuves de roseaux, les déserts de pierres, les cyprières et les tristes collines monacales couvertes de pins gris qui font un bruit léger déjà pareil au flottement des flammes. Je ne verrai ni mon départ d'où je m'arrache, ni ce lieu d'arrivée où, sans école, je suis brusquement obligé de résoudre tous les problèmes des feuilles nouvelles, des herbes étrangères, des subtilités des odeurs, de la viscosité et de la sécheresse des chaleurs et des froids, que mes sens ne connaissent pas et qu'il me faudrait connaître pour que j'en jouisse. Alors, j'aime mieux ne pas jouir, c'est trop difficile, et repartir le lendemain ou sur l'instant même, pour n'importe où, pour partir, parce qu'à la fin, mon corps, qui de toute façon a besoin de jouissance, se contentera de la jouissance de partir. Grossièreté des prétendues victoires de la technique moderne.

Jean Giono *Rondeur des jours*
(Éditions Gallimard)

Notes

une cyprière bois planté de cyprès
monacal qui a rapport aux moines

Questions

a Quelles sont, à votre avis, les harmonies que compose cette terre?

b Pourquoi faut-il un temps énorme pour comprendre les sombres vergers de châtaigniers?

c Il est évident que l'auteur aime passionnément la nature. Pourquoi est-ce que la possibilité de traverser les vergers d'oliviers, les amandiers etc. ne lui fait pas plaisir?

d Que veut dire ici «sans école»?

e Quelle est l'attitude de l'auteur envers la technique moderne?

f Pourquoi l'auteur préfère-t-il partir le lendemain ou à l'instant même?

g Êtes-vous d'accord avec l'auteur sur son attitude envers la nature et la technique moderne?

h Préférez-vous partir ou arriver?

10
Des étrangers

La veille de la mort

Condamné à mort pour avoir tué un Arabe, Meursault rejette la consolation de la religion qu'avait apportée un prêtre et attend son exécution.

Lui parti, j'ai retrouvé le calme. J'étais épuisé et je me suis jeté sur ma couchette. Je crois que j'ai dormi parce que je me suis réveillé avec des étoiles sur le visage. Des bruits de campagne montaient jusqu'à moi. Des odeurs de nuit, de terre et de sel rafraîchissaient mes tempes. La merveilleuse paix de cet été endormi entrait en moi comme une marée. A ce moment, et à la limite de la nuit, des sirènes ont hurlé. Elles annonçaient des départs pour un monde qui maintenant m'était à jamais indifférent. Pour la première fois depuis bien longtemps, j'ai pensé à maman. Il m'a semblé que je comprenais pourquoi à la fin d'une vie elle avait pris un «fiancé», pourquoi elle avait joué à recommencer. Là-bas, là-bas, aussi, autour de cet asile où des vies s'éteignaient, le soir était comme une trêve mélancolique. Si près de la mort, maman devait s'y sentir libérée et prête à tout revivre. Personne, personne, n'avait le droit de pleurer sur elle. Et moi aussi, je me suis senti prêt à tout revivre. Comme si cette grande colère m'avait purgé du mal, vidé d'espoir, devant cette nuit chargée de signes et d'étoiles, je m'ouvrais pour la première fois à la tendre indifférence du monde. De l'éprouver si pareil à moi, si fraternel enfin, j'ai senti que j'avais été heureux, et que je l'étais encore. Pour que tout soit consommé, pour que je me sente moins seul, il me restait à souhaiter qu'il y ait beaucoup de spectateurs le jour de mon exécution et qu'ils m'accueillent avec des cris de haine.

Albert Camus *L'étranger*
(Éditions Gallimard/Harrap)

Notes

une trêve relâche, suspension d'action

Questions

a Comment le calme s'est-il produit chez Meursault?

b Pourquoi le monde était-il maintenant indifférent à Meursault?

c Dans quel sens le soir est-il une trêve mélancolique dans un asile de vieillards?

d Le prêtre n'a pas réussi à apporter de consolation à Meursault, mais celui-ci va mourir heureux. Pourquoi?

e Pourquoi Meursault veut-il qu'il y ait beaucoup de spectateurs le jour de son exécution?

f Comparez l'attitude envers la nature qu'exprime Meursault à celle de Janine dans *La nuit* (unit 9).

g Où trouvez-vous le bonheur?

Quelle superbe absence que mon âme

LE PÉDAGOGUE A présent vous voilà jeune, riche et beau, avisé comme un vieillard, affranchi de toutes les servitudes et de toutes les croyances, sans famille, sans patrie, sans religion, sans métier, libre pour tous les engagements et sachant qu'il ne faut jamais s'engager, un homme supérieur enfin, capable par surcroît d'enseigner la philosophie ou l'architecture dans une grande ville universitaire, et vous vous plaignez!

ORESTE Mais non: je ne me plains pas. Je ne peux pas me plaindre: tu m'as laissé la liberté de ces fils que le vent arrache aux toiles d'araignée et qui flottent à dix pieds du sol; je ne pèse pas plus qu'un fil et je vis en l'air. Je sais que c'est une chance et je l'apprécie comme il convient. (*Un temps.*) Il y a des hommes qui naissent engagés: ils n'ont pas le choix, on les a jetés sur un chemin, au bout du chemin il y a un acte qui les attend, *leur* acte; ils vont, et leurs pieds nus pressent fortement la terre et s'écorchent aux cailloux. Ça te paraît vulgaire, à toi, la joie d'aller *quelque part?* Et il y en a d'autres, des silencieux, qui sentent au fond de leur cœur le poids d'images troubles et terrestres; leur vie a été changée parce que, un jour de leur enfance, à cinq ans, à sept ans . . . C'est bon: ce ne sont pas des hommes supérieurs. Je savais déjà, moi, à sept ans, que j'étais exilé; les odeurs et les sons, le bruit de la pluie sur les toits, les tremblements de la lumière, je les laissais glisser le long de mon corps et tomber autour de moi; je savais qu'ils appartenaient aux autres, et que je ne pourrais jamais en faire *mes* souvenirs. Car les souvenirs sont de grasses nourritures pour ceux qui possèdent les maisons, les bêtes, les domestiques et les champs. Mais moi . . . Moi, je suis libre, Dieu merci. Ah! comme je suis libre. Et quelle superbe absence que mon âme.

Jean-Paul Sartre *Les mouches*
(Éditions Gallimard/Harrap)

Questions

a Dans quel sens Oreste est-il libre selon le pédagogue?
b Voudriez-vous être libre dans ce sens?
c Dans quel sens Oreste ne pèse-t-il pas plus qu'un fil?
d Qu'est-ce qui manque à Oreste?
e Quelle est l'attitude de Sartre envers le commun des mortels?
f Qu'entendez-vous par la liberté?

La confrontation Antigone–Créon

CRÉON *la secoue soudain, hors de lui.* Mais, bon Dieu! Essaie de comprendre une minute, toi aussi, petite idiote! J'ai bien essayé de te comprendre, moi. Il faut pourtant qu'il y en ait qui disent oui. Il faut pourtant qu'il y en ait qui mènent la barque. Cela prend l'eau de toutes parts, c'est plein de crimes, de bêtise, de misère . . . Et le gouvernail est là qui ballotte. L'équipage ne veut plus rien faire, il ne pense qu'à piller la cale et les officiers sont déjà en train de se construire un petit radeau confortable, rien que pour eux, avec toute la provision d'eau douce pour tirer au moins leurs os de là. Et le mât craque, et le vent siffle et les voiles vont se déchirer et toutes ces brutes vont crever toutes ensemble, parce qu'elles ne pensent qu'à leur peau, à leur précieuse peau et à leurs petites affaires. Crois-tu, alors, qu'on a le temps de faire le raffiné, de savoir s'il faut dire «oui» ou «non», de se demander s'il ne faudra pas payer trop cher un jour et si on pourra encore être un homme après? On prend le bout de bois, on redresse devant la montagne d'eau, on gueule un ordre et on tire dans le tas, sur le premier qui s'avance. Dans le tas! Cela n'a pas de nom. C'est comme la vague qui vient de s'abattre sur le pont devant vous; le vent qui vous gifle, et la chose qui tombe dans le groupe n'a pas de nom. C'était peut-être celui qui t'avait donné du feu en souriant la veille. Il n'a plus de nom. Et toi non plus, tu n'as plus de nom, cramponné à la barre. Il n'y a plus que le bateau qui ait un nom et la tempête. Est-ce que tu le comprends, cela?

ANTIGONE *secoue la tête.* Je ne veux pas comprendre. C'est bon pour vous. Moi je suis là pour autre chose que pour comprendre. Je suis là pour vous dire non et pour mourir.

CRÉON C'est facile de dire non!

ANTIGONE Pas toujours.

CRÉON Pour dire oui, il faut suer et retrousser ses manches, empoigner la vie à pleines mains et s'en mettre jusqu'aux coudes. C'est facile de dire non, même si on doit mourir. Il n'y a qu'à ne pas bouger et attendre.

Jean Anouilh *Antigone*
(Éditions de la Table Ronde/Harrap)

Questions

a A quoi Créon compare-t-il la situation devant le chef d'état?
b A qui Créon compare-t-il le chef d'état?
c «Il faut pourtant qu'il y en ait qui disent oui». A quoi faut-il dire «oui»?
d A quoi Antigone veut-elle dire «non»?
e Pourquoi, selon Créon, est-il facile de dire «non»?
f Pourquoi est-il tellement difficile de dire «oui»?
g Êtes-vous d'accord avec Antigone ou Créon dans cette dispute?
h Le fossé des générations existe-t-il vraiment?
i Pour quelles raisons vous querellez-vous avec vos parents?

11
La télévision

La politisation de la télévision

On ne saurait parler de «politisation» de la télévision—en dehors des «journaux télévisés» bien entendu—en feignant d'ignorer la forte impression laissée sur le vaste public du petit écran par des émissions telles que «La terreur et le vertu» qui fit probablement plus en deux soirées pour la connaissance de la Révolution française que cinquante années d'instruction publique.

Les événements de mai 1968, qui avaient fait descendre la politique dans la rue, n'eurent pas au niveau des programmes de télévision les prolongements qu'on pouvait attendre: au contraire, la stricte surveillance exercée par le conseil d'administration fut consacrée par cette fameuse note du 8 décembre 1970, établissant une nette frontière sur «la séparation des genres» entre les émissions d'information et le reste du programme.

Au cours d'une récente réunion des membres du conseil d'administration de l'ORTF, réunion consacrée à la préparation des émissions sur l'anniversaire de la Commune, l'une des personnalités les plus éminentes du conseil insista pour que, surtout, il ne soit fait, d'aucune manière, un quelconque rapprochement entre la Commune de 1871 et mai 1968.

La politisation de la télévision, qui est dans la nature des choses, fait périodiquement question à l'ORTF. C'est pourtant à l'occasion d'un récent «Invité du dimanche» que Michel Tournier, prix Goncourt 1970 et assez peu suspect de gauchisme pouvait déclarer que «tout est politique et il faut mettre de la politique en tout!»

Le Monde

Notes

ORTF·Office de Radiodiffusion-Télévision Française
le prix Goncourt prix littéraire très important
la Commune de 1871 pouvoir révolutionnaire installé à Paris en 1871

Questions

a Qu'est-ce qu'on entend par l'expression «la politisation de la télévision» ?
b Pourquoi l'émission «La terreur et le vertu» aurait-elle laissé une si forte impression sur le public ?
c Qu'est-ce qui s'est passé au cours des événements de mai 1968 ?
d Dans quel but a-t-on voulu établir une distinction entre les émissions d'information et le reste du programme ?
e Êtes-vous d'accord que «tout est politique» et qu'il «faut mettre de la politique en tout» ?
f Trouvez-vous que la télévision soit en proie à d'autres influences plus dangereuses que celle de la politisation ?
g Est-ce que la télévision devrait être complètement indépendante ou est-ce qu'elle devrait être sous la juridiction du gouvernement ?
h Est-il possible, à votre avis, d'observer une stricte objectivité dans les émissions d'actualité ?
i Aimez-vous voir des événements historiques telles que la Révolution française récréés à la télévision ?

La télévision en famille

La télévision est aux mains des enfants. Pas pour qu'ils regardent les programmes qui leur sont réservés—ils ne les intéressent pas—mais pour voir le reste. Le rectangle blanc a pratiquement disparu, les avertissements pour raisons de sexe, de violence ne servent à rien. Les enfants, dans ce domaine comme dans bien d'autres, font très souvent la loi, imposant leurs programmes, leurs horaires. Ils veulent tout voir.

Ils passent d'une chaîne à l'autre pour suivre les différents feuilletons, privant sans scrupules les parents des journaux télévisés.

C'est tout juste si les jeunes n'envoient pas leurs parents se coucher ou ne leur interdisent pas certains spectacles en disant: «Ce n'est pas pour vous».

La télévision est «la chose» des jeunes. Ils sont nés avec elle. Elle leur paraît le complément indispensable de leur existence et il est difficile d'aller contre ce phénomène-là.

Cependant, l'exagération est condamnable. Trop de télévision pour les jeunes, c'est veiller tardivement, ingurgiter n'importe quoi, subir.

La faiblesse des parents est due à plusieurs causes:

—Goût pour la tranquillité: «Pendant qu' «ils» sont devant la télévision ils ne font pas de mal»;

—Lâcheté: «Moi aussi je veux voir ce programme. Alors je ne vais pas me mettre en colère et me battre car je risquerais de manquer le début de l'émission»;

—Abandon: «Bah! c'est un film violent. Ils en verront bien d'autres dans la vie»;

—La bonne conscience: «La télévision est un extraordinaire moyen de culture. Nous n'avons pas le droit de brimer les enfants. Après tout ils appartiennent à la génération de l'audiovisuel».

De petits lâchages en grands renoncements on aboutit à la démission complète.

On ne peut s'y résoudre.

C'est pourquoi nous vous demandons de nous écrire pour nous raconter comment, dans votre famille, vous avez résolu le «problème télévision».

Donnez-nous vos trucs, vos solutions, vos méthodes pour que parents et enfants puissent profiter de votre expérience, de vos réussites.

Ne vous contentez pas de conseiller l'achat d'un poste dont les boutons de manœuvre se ferment à clé.

Même les constructeurs n'y croient plus qui, peu à peu, abandonnent la fabrication de ces modèles.

France-Soir

Notes

un feuilleton fragment d'un roman qui paraît chaque jour (ou chaque semaine) dans un journal ou à la télévision

brimer quelqu'un se moquer de quelqu'un

Questions

a Quels programmes les enfants regardaient-ils autrefois?

b Quels programmes regardent-ils maintenant?

c Quelles émissions les parents peuvent-ils regarder?
d Pourquoi la télévision paraît-elle indispensable à la jeunesse d'aujourd'hui?
e En quoi existe la faiblesse des parents?
f Qu'entendez-vous par l'expression «la génération de l'audio-visuel»?
g Pourquoi ne sert-il à rien d'acheter un poste de télévision dont les boutons se ferment à clé?
h Vos parents veulent voir une émission d'actualité sur la première chaîne, alors que vous tenez à voir un feuilleton sur la deuxième. Expliquez à vos parents pourquoi il faut regarder la deuxième chaîne.
i Vous êtes père/mère de famille dans la même situation. Expliquez à votre fils/fille pourquoi vous insistez pour voir l'autre chaîne.

Les émissions culturelles

Les sondages tendent à prouver que l'audience globale des deux chaînes a augmenté, comblant ainsi les vœux de la direction générale exprimés dans le rapport d'activité de 1971:

«Quelle que soit la personnalité que chaque chaîne peut acquérir par ses émissions, un objectif essentiel est assigné au programme: atteindre la majorité des téléspectateurs qui cherchent dans la télévision soit un délassement justifié, soit une information, soit une occasion de compléter leurs connaissances».

Et le rapport d'activité poursuivait:

«Cette conception n'oppose pas différentes catégories de téléspectateurs selon leur degré de culture, mais suppose, bien au contraire, que dans tout téléspectateur il y a plusieurs aspirations qui peuvent et doivent être satisfaites par les programmes. C'est la raison pour laquelle la spécialisation culturelle de la troisième chaîne, préconisée par certains, a été écartée. Cette formule aurait conduit, en effet, à détourner une partie du public des émissions culturelles, vers lesquelles la télévision cherche, précisément, à attirer le plus grand nombre».

Chacun pourra à sa guise confronter les intentions louables de la direction de l'ORTF et la réalité. Car lorsque, chaque soir, sur les deux chaînes, la quasi-totalité des émissions dites culturelles débutent au plus tôt à 22 heures, comme c'est le cas depuis un an, on peut vraiment se demander si c'est bien vers elles que «la télévision cherche, précisément, à attirer le plus grand nombre»!

En dépit de cette concession de taille faite au grand public pour le distraire—«le distraire surtout des vrais problèmes», selon le mot d'un producteur,—les téléspectateurs, dans leur majorité, ne semblent pas satisfaits des programmes. S'agit-il d'un phénomène d'usure normal? Ont-ils perdu l'enthousiasme des années 60? Sont-ils déjà blasés?

Le Monde

Questions

a Que pensez-vous des trois objectifs de la télévision que contient le rapport d'activité de 1971?

b Est-ce qu'il est possible de satisfaire aux désirs de tous les spectateurs?

c Pour quels spectateurs a-t-on créé la troisième chaîne?

d Quelle sorte d'émission de télévision aimez-vous le mieux? Pourquoi?

e Pourquoi faut-il distraire le grand public?

f Quels sont les arguments pour (ou contre) une troisième chaîne pour des émissions culturelles?

g Imaginez le monde actuel sans télévision. Comment les gens passeraient-ils le temps?

h Pourquoi est-ce que certaines gens ne s'intéressent pas du tout à la télévision?

i Si vous étiez Président-Directeur Général de la BBC ou de l'ORTF, quelles seraient vos priorités pour les programmes de télévision?

12
La vie à la campagne et la vie en ville

Le bruit qui tue

Notre vie est en danger ! Nous sommes traqués. Oui, pourchassés dans notre sommeil, dans notre travail, nos loisirs même. Pas une minute de répit. Notre système nerveux est en péril. Notre cœur, nos artères, notre esprit sont touchés. Mais sommes-nous décidés à payer le prix du silence ? Villeneuve-le-Roi. Toute la famille est réunie devant la télévision. C'est la fin de l'émission policière. Le commissaire Bourrel se frappe le front : «Bon sang, bien sûr. C'était pourtant enfantin !» Le coupable est sur le point d'être démasqué. Soudain, un bruit assourdissant s'élève, grandit, se transforme en un sifflement intense dominant tout. Personne n'entend le nom de l'assassin livré par Bourrel. Un Boeing passe . . . Villeneuve-le-Roi, c'est une petite commune tout contre l'aéroport d'Orly, en bout de la piste 3. L'après-midi à l'école. Face à la classe, la maîtresse fait son cours. Toutes les minutes, elle s'interrompt, un avion passe ; elle reprend, un avion repasse. 315 fois par jour, c'est le même scénario. En moyenne, un avion toutes les trois minutes. C'est un peu comme si quelqu'un ouvrait la porte de la classe toutes les trois minutes. Comment, dans ces conditions, préserver l'attention fragile des enfants. Les nouvelles institutrices ne tiennent pas le coup, les enfants non plus : 15% d'agités, d'instables. Les maîtresses averties chuchotent pour ne pas abrutir les enfants. Ceux qui changent d'école sont facilement reconnaissables, ce sont eux qui parlent le plus fort. Pour les petits qui apprennent à lire, on doit avoir recours aux méthodes gestuelles inspirées de celles des sourds-muets. De gymnastique, il ne peut en être question : les élèves n'entendent pas leurs professeurs ! Heureusement, il existe des jours de brouillard.

J.-M. Pontaut *Paris Match*

Questions

a Pourquoi notre vie est-elle en danger?

b Quel serait le prix du silence dans le monde moderne?

c Pourquoi l'attention des élèves est-elle tellement fragile?

d Pourquoi y a-t-il tellement d'agités et d'instables dans le monde moderne?

e Pourquoi l'auteur est-il content qu'il y ait des jours de brouillard?

f Seriez-vous content de ne pas avoir de cours de gymnastique?

g L'auteur exagère-t-il l'effet du bruit?

h Que faut-il faire pour diminuer le bruit dans le monde moderne?

i Aimez-vous le monde moderne avec (ou bien malgré) tout le bruit, ou aimeriez-vous mieux retrouver la vie paisible d'antan?

Retour au pays natal

François continua son chemin jusqu'au sommet de la colline. Là se dressait, au milieu d'un tertre, un antique donjon démantelé. Le site avait une beauté d'estampe romantique, à quoi ne manquait ni le lierre, ni l'horizon de montagnes, ni une certaine mélancolie. De vieilles masures et des jardins potagers s'accrochaient au flanc de l'acropole, rappelant un siècle où les habitants blottissaient leur foyer et leur vie à l'ombre du château fort . . . Ce paysage, autrefois, avait pu contenir et borner l'ambition d'un adolescent sur le point de quitter l'école. De l'école à la forge paternelle, à l'atelier, à la boutique, à la ferme, la transition était naturelle, prévue de tout temps à jamais. Mais, en ces années trente, la terre ne nourrit plus, dit-on, l'atelier renvoie ses ouvriers, le petit patron s'essouffle aux fins de mois, le médecin et le notaire n'ont plus les moyens de prendre leur retraite, l'argent est rare, le travail aussi, il faut émigrer. Dans l'ancien Béarn, l'ancien pays basque, le cadet des familles nombreuses s'embarquait pour l'Argentine, chaussé de sandales, coiffé du béret, un sac au dos et vingt francs en poche. Il revenait au pays trente ans plus tard, monsieur cossu, «l'Américain», et se faisait construire une villa sur la côte. Mais il y avait longtemps que l'Argentine n'enrichissait plus les immigrants. Il fallait donc s'embarquer pour les universités et les concours, expédition assurément plus décevante. C'est aux environs des années trente que les jeunes Français commencèrent d'être hantés par la lugubre obsession du diplôme. La petite bourgeoisie prolétarienne des artisans, des boutiquiers, poussait ses enfants vers les professions libérales et les fonctions publiques, par un désir de «s'élever», quelquefois, mais bien plutôt par anxiété de l'avenir et goût de la sécurité. C'était l'avènement des temps difficiles.

Jean-Louis Curtis
(Julliard)

Notes

un tertre élévation peu considérable de terre
une estampe image imprimée après avoir été gravée sur cuivre ou sur bois

Questions

a En quoi consistait le romantisme de la scène qui se présentait à François ?
b Imaginez le village qui y avait existé pendant l'enfance de François.
c Qu'est-ce qui explique la condition actuelle du village et l'absence d'habitants ?
d Quelle serait maintenant l'ambition d'un adolescent sur le point de quitter l'école ?
e Imaginez les émotions de François quand il était parti pour l'Argentine.
f Imaginez ses émotions quand il retrouve son village natal.
g Pourquoi les jeunes Français avaient-ils commencé «d'être hantés par la lugubre obsession d'un diplôme» ?
h Comment les jeunes peuvent-ils «s'élever» ?
i L'auteur parle de «l'avènement des temps difficiles». Trouvez-vous les temps modernes difficiles ? De quel point de vue ?

Une nouvelle France rurale

Jusqu'à une époque toute récente, l'agriculture fut un immobilisme. Des siècles et des siècles s'écoulèrent sans apporter le moindre changement aux rapports de l'homme et du sol. Les crises rurales éclatant parfois en flambées violentes proviennent des bouleversements qui font de l'industrie de la terre l'une des plus mouvantes. Les transformations, même lorsqu'elles sont orientées dans le sens du mieux, sont toujours accompagnées de malaises et de douleurs.

Le spectre était la dépopulation des campagnes, la transformation de la plus grande partie de la France en désert. On comprend qu'il ait exercé une hantise. Rien n'était plus déprimant, pendant la mauvaise période de la France, que de parcourir certaines provinces, de ne traverser des cadavres de villages que pour arriver dans des bourgades languissantes et croulantes, sans jamais une façade blanche ou un toit rouge frais pour reposer les yeux. Le spectre a changé. Une nouvelle France rurale est née. Des constructions neuves surgissent de toutes parts. Des localités, que la tombée de la nuit plongeait dans les ténèbres, sont devenues des foyers d'activité. Une région n'est pas peuplée uniquement par le nombre d'individus qu'elle contient; elle l'est surtout par leur capacité économique. Le nombre des laborieux a décru et doit continuer de décroître. Mais la campagne française s'est réveillée.

La distinction classique ville-campagne elle-même est en voie de s'atténuer. Les superficies nécessaires pour produire la nourriture diminuent devant les progrès de l'agronomie, laissant de l'espace pour l'habitation et la récréation de l'homme. La campagne pénètre la ville par la facilité des communications et la multiplication des besoins—mais la ville ne lui rend rien. Le recensement de 1968 a dénombré 1,226,538 ménages possédant une résidence secondaire qui est le plus souvent une maison ou une maisonnette aux champs. Par ailleurs, un sondage évalue à 88% la proportion des ruraux satisfaits de vivre à la campagne, avec un pourcentage supérieur à la moyenne chez les jeunes gens.

La cambrouse répulsive a disparu. Une ruralité nouvelle apparaît. Elle doit modifier le visage de la France—et ce n'est qu'un début.

Raymond Cartier *Paris Match*

Notes

l'immobilisme opposition systématique à tout progrès, à toute innovation

la cambrouse (*populaire*) campagne

Questions

a Peut-on dire que l'industrie a été un immobilisme?

b Pourquoi les transformations importantes sont-elles toujours accompagnées de malaises et de douleurs?

c Pourquoi était-il tellement déprimant de trouver partout des villages morts ou déserts?

d Expliquez le paradoxe: «le nombre des laborieux a décru et doit continuer à décroître. Mais la campagne française s'est réveillée».

e Quels sont les résultats de l'agronomie moderne?

f Est-il juste, à votre avis, que les gens puissent posséder une maison secondaire?

g Êtes-vous satisfait de vivre à la campagne ou dans une ville?

h Vous êtes maire d'un village rural. Expliquez au préfet de votre département comment attirer plus d'ouvriers agricoles ou de touristes.

i Vous êtes un des derniers habitants d'une bourgade rurale. Décrivez la vie d'antan à votre petit-fils qui est venu d'une grande ville passer quelques jours chez vous.

13
L'éducation

Le bac, c'est fini

Le baccalauréat de grand-papa vit ses derniers moments. Les candidats de juin 1974 seront probablement les derniers à passer ce diplôme créé par Napoléon Ier en 1808. Bien sûr, un examen de fin du secondaire subsistera mais il se pourrait même qu'il change d'appellation car parents, enseignants et élèves lui ont porté le coup de grâce. Le vaste sondage effectué en juillet révèle une étonnante unanimité. 61% des parents, 52% des enseignants du secondaire, les deux tiers des instituteurs et 55% des élèves voudraient voir remplacer cet examen par un contrôle continu des connaissances.

Mais que reproche-t-on à ce vieux serviteur qui fonctionne cahin-caha depuis cent soixante-cinq années? Il faut bien constater que c'est un grand malade à qui l'on administre périodiquement des médicaments sous forme de replâtrage. En 1959, on remplace la session de septembre par un oral de contrôle et on revient au système antérieur un peu plus tard. De 1963 à 1965 la «première partie» est transformée, puis supprimée. Les séries et les options ont vécu dans l'instabilité perpétuelle. La dernière réforme en date, celle de 1969, n'a pas donné non plus satisfaction. On accuse, en outre, le baccalauréat de sanctionner toute une scolarité (sept ans d'études) par quelques épreuves subies en quelques jours.

C'est la formule du tout ou rien. On peut être reçu ou recalé à un quart de point près. De plus, tout le monde sait que la notation est affaire de jugement subjectif: une même épreuve de français corrigée par cinquante-huit professeurs différents obtient des notes variant de 4 à 15. Une tentative pour prendre en compte le travail de l'élève tout au long de l'année à travers le livret scolaire a lamentablement échoué. Autre critique: ce diplôme remplit deux rôles. Sanction de fin d'études secondaires, il est aussi un passeport pour l'université. Avec le bac en poche, on peut s'inscrire dans n'importe quelle faculté même si on n'est pas au niveau nécessaire ou si on n'a aucune aptitude pour le type d'études choisi. L'enseignement français ne met aucun garde-fou, aucun panneau d'orientation à ce carrefour des études pourtant essentiel.

Danielle Mennesson *France-Soir*

Notes

cahin-caha tant bien que mal
le replâtrage réparation superficielle

Questions

a Pourquoi le baccalauréat était-il tellement détesté?
b Est-ce que vous êtes étonné que 52% des enseignants du secondaire et 55% des élèves aient voulu remplacer le baccalauréat par un autre système de contrôle?
c Que veut dire l'auteur quand elle parle de l'administration de médicaments sous forme de replâtrage?
d Est-il juste que sept ans d'études soient jugés suivant le résultat de quelques épreuves subies en quelques jours?
e Est-il possible de faire quelque chose pour éliminer le jugement subjectif dans un examen important?
f Pourquoi est-ce que certaines gens qui ont réussi au baccalauréat ne sont pas aptes à suivre des cours à l'université?
g Que feriez-vous pour réformer le système d'examens dans votre pays?
h En quoi le baccalauréat ressemble-t-il au système d'examens qui existe dans votre pays?

La formation des normaliens

Le père de Pagnol était instituteur. Ici, Pagnol décrit la formation des normaliens, c'est-à-dire des instituteurs aspirants. Il faut garder à l'esprit le fait que Pagnol décrit la formation à la fin du 19e siècle.

Cependant, les études de ces normaliens ne se bornaient pas à l'anticléricalisme, et à l'histoire laïcisée. Il y avait un troisième ennemi du peuple, et qui n'était pas dans le passé: c'était l'Alcool. De cette époque datent *l'Assommoir*, et ces tableaux effrayants qui tapissaient les murs des classes. On y voyait des foies rougeâtres, et si parfaitement méconnaissables (à cause de leurs boursouflures vertes et de leurs étranglements violets qui leur donnaient la forme d'un topinambour), que l'artiste avait dû peindre à côté d'eux le foie appétissant du bon citoyen, dont la masse harmonieuse et le rouge nourrissant permettaient de mesurer la gravité de la catastrophe voisine. Les normaliens, poursuivis, jusque dans les dortoirs, par cet horrible viscère (sans parler d'un pancréas en forme de vis d'Archimède, et d'une aorte égayée de hernies) étaient peu à peu frappés de terreur. A la vue d'un verre de vin, ils faisaient une moue de dégoût. La terrasse des cafés, à l'heure de l'apéritif, leur paraissait une sorte de cimetière de suicidés. Un ami de mon père, ivre d'eau filtrée, en renversa un jour les tables, comme un Polyeucte laïque qu'il était. Mais ce qu'ils haïssaient le plus farouchement, c'étaient les liqueurs dites «digestives», les bénédictines et les chartreuses, «avec privilège du Roy», qui réunissaient, dans une trinité atroce, l'Église, l'Alcool et la Royauté.

Au delà de la lutte contre ces trois fléaux, le programme de leurs études était très vaste, et admirablement conçu pour en faire les instructeurs du peuple, qu'ils pouvaient comprendre à merveille, car ils étaient presque tous fils de paysans ou d'ouvriers.

Marcel Pagnol *La gloire de mon père*
(Éditions Pastorelly/Harrap)

Notes

un topinambour genre de fleur dont les tubercules ressemblent à des pommes de terre

«*L'Assommoir*» roman de Zola qui décrit les effets nuisibles de l'alcoolisme

un vis d'Archimède instrument utilisé pour faire monter l'eau au moyen d'un tube en forme d'un vis et tourné autour d'un cylindre

Polyeucte héros chrétien d'une pièce de Corneille

Roy roi

Questions

a Que pensez-vous des trois ennemis publics que l'on présentait aux normaliens?

b Est-ce que les élèves d'aujourd'hui se laissent persuader par des cours sur les effets nuisibles de l'alcool?

c La formation des normaliens de la fin du 19ᵉ siècle serait-elle apte pour les instituteurs des années 70 et 80?

d Quelles sont les qualités personnelles les plus importantes d'un instituteur ou d'une institutrice?

e Qu'est-ce que c'est qu'un professeur idéal?

f Faut-il séparer les fonctions de ceux qui enseignent et ceux qui sont chargés de la discipline?

g En quoi consiste la discipline à votre école? Trouvez-vous la règle très dure?

h Avez-vous envie de vous faire enseignant? Pourquoi (pas)?

Une classe expérimentale

A Clichy, dans la banlieue parisienne. L'école, banale avec son préau, sa petite cour, rassemble des fillettes en majorité issues de milieux très simples. Beaucoup appartiennent à des familles où l'on ne parle pas le français.

Dans ce CM 2, enseigne une institutrice chargée, avec l'aide de professeurs agrégés de l'Institut pédagogique national, des inspectrices et de la directrice de l'école, de mettre en application les nouvelles méthodes. Yasmina, neuf ans et demi, vient de retourner en classe, après avoir passé trois mois en Algérie, dans le village de son père, où elle a fréquenté l'école locale. La classe tout entière la soumet à un feu roulant de questions. Les élèves se corrigent les unes les autres. La maîtresse n'intervient que pour donner des précisions, inscrire au tableau un mot nouveau, en faire donner l'explication par celles qui en savent déjà le sens.

A partir de cette conversation, les enfants composeront chacune un texte écrit qui donnera lieu à un exercice structural comme celui auquel nous assistons dans la classe voisine, un CM 1.

Véronique, huit ans, tablier rose et nattes dans le dos, lit à ses petites camarades un texte dont elle est l'auteur. Elle y met toutes les intonations, marque bien les arrêts de la ponctuation. La maîtresse copie au tableau la première phrase de ce texte: «Catherine vient de relâcher le petit lapin, il trotte vers la forêt».

«Comment pourrions-nous dire cette phrase d'une manière différente ?», demande-t-elle. Dix petites mains se lèvent. Bientôt, la classe formule cinq ou six phrases légèrement différentes, dans lesquelles apparaissent «qui», «que», «où». La maîtresse les inscrit au tableau. Jamais il ne sera question, à ce niveau, de grammaire proprement dite, mais les enfants découvrent par eux-mêmes qu'il y a plusieurs façons d'exprimer les rapports entre les éléments d'une phrase. Elles feront de la grammaire comme M. Jourdain faisait de la prose, sans le savoir.

Pierre Martory *Paris Match*

Notes

agrégation concours d'université qui donne accès à l'enseignement dans un lycée ou dans une faculté

CM cours moyen

M. Jourdain le «bourgeois gentilhomme» dans la pièce de Molière, qui voulait se faire éduquer

Questions

a Quels sont les problèmes qui se posent à ceux qui sont chargés d'enseigner des classes qui se composent entièrement d'immigrés ?

b Dans quelle mesure peut-on dire que de tels enfants reçoivent une éducation inférieure à celle des autochtones ?

c De quelle manière est-ce qu'il faut apprendre une langue ?

d Quelle est la différence entre la classe expérimentale décrite dans le texte et une classe traditionnelle ?

e Les traditionalistes disent que les nouvelles méthodes ne réussissent pas et qu'elles contribuent même à la détérioration des niveaux scolaires. Qu'en pensez-vous ?

f Vous êtes instituteur ou institutrice et vous avez une classe de quarante élèves de neuf à dix ans qui ne veulent que chahuter. Vous n'avez pas de sanctions. Que faire ?

g Si vous étiez Ministre de l'Éducation, que feriez-vous pour améliorer les conditions dans les écoles ?

14
La passion de rouler

L'auto

L'auto! Ce fut probablement la plus importante invention du début du siècle, qui allait bouleverser les notions archaïques du temps et de l'espace, les rapports entre les hommes et changer, en les rapetissant, les dimensions de la terre. Chacun fut tiré de son trou comme par miracle, aspiré d'un passé stagnant où il ne se passait rien, où la vie n'était qu'habitudes dans un décor invariable. Chacun fut maître de s'offrir des échappées qui n'avaient de limites que sa fantaisie. Chacun à son bord, avec sa femme, sa famille ou ses amis, et le monde entier devant lui, devenu traversable et franchissable en tous sens, offrant à tous son immensité merveilleuse, ses zones en friche pour rêver et s'exalter, pour se baigner l'esprit, les cent mille aspects de son inconnu, les esplanades à perte de vue de ses routes de plaine, les toboggans de ses routes de montagne, ses panoramas aveuglants de couleurs, ses sites, ses anfractuosités, sa pureté agreste et son luxe citadin. Et tout cela qui défilait de part et d'autre d'un souple glissement, berceur et ronronnant, dans une profusion d'images offertes, de perspectives moutonnantes, changeantes et miroitantes, tout cela qui laissait les automobilistes étourdis de beautés et de richesses entrevues. C'était formidable!

Rouler, ça devenait le plus urgent besoin. L'humanité allait se ruer en avant, dans un perpétuel exode de dévoreurs de moyennes, avec une passion toute nouvelle du dépaysement, une avidité de tout voir, d'amasser un bagage immense de sensations, de souvenirs, de comparaisons, d'étonnements, en égrenant une litanie de superlatifs qui malheureusement s'émoussaient, parce qu'il devenait trop facile de tout atteindre sans effort. Et l'habitude se prenait de fuir toute méditation, toute contemplation, tout soliloque qui ramène l'homme à s'interroger sur le sens de sa destinée.

Gabriel Chevallier

Notes

en friche non cultivé
une anfractuosité détour
égrener réciter mécaniquement

Questions

a L'auto a-t-elle été vraiment la plus importante invention du début du siècle?
b En quel sens l'auto a-t-elle changé les dimensions de la terre?
c De quoi les gens veulent-ils s'échapper?
d Les promenades en voiture offrent-elles de nos jours les mêmes possibilités qu'autrefois?
e Pourquoi les gens voulaient-ils rouler? Est-ce vrai de nos jours?
f Qu'est-ce qu'un «dévoreur de moyennes»?
g Que font les gens après leurs promenades en voiture?
h Quelle est l'attitude de l'auteur envers l'auto? Êtes-vous d'accord avec lui?

Les motos

Les psychanalystes, bien entendu, ont beaucoup à dire sur la passion motocycliste et ils le disent. Serrer la puissance d'un engin redoutable et docile entre ses cuisses, ce n'est pas comme s'enfermer dans une voiture, être entouré par elle. Bonne ou mauvaise, il y a de l'agressivité accrochée aux motos: mais, au moins, cette agressivité-là n'est pas refoulée, frustrée, comme celle des chauffeurs du dimanche rendus fous par les bouchons, qui se mettent à foncer en famille, pour libérer les soupapes de leurs voitures et leurs propres soupapes intimes. Les analystes peuvent broder sur la moto, voire coucher à bon droit les motards abusifs, maniaques ou casseurs sur leurs divans. Mais dans notre monde embouteillé et banalisé, après tout, il est assez normal qu'on ait envie de rouler sur un bon moteur entre deux roues. Si normal que le motocycliste sorti du ghetto n'étonne plus guère, et choque encore moins.

De l'intérieur de leurs voitures, les braves gens regardent les motos d'assez bon œil et rêvent confusément de devenir motards. Ils savent qu'un «gros cube» vaut un million ancien ou plus, et que ces êtres casqués qui les remontent le long de l'autoroute bloquée ont fait un choix. L'excommunication a vécu et même la moto réagit sur la culture quotidienne. Aujourd'hui, on peut aller partout en blouson de cuir: le casque sous le bras fait office de laissez-passer. Les «affreux» bruyants qui réveillent toute une ville avec leurs pots d'échappement trafiqués sont une minorité infime, jeunesse leur passera . . . Et malgré leur allure farouche, les centaines de centaures du vendredi soir, à la Bastille, sont les meilleurs fils du monde.

P. Mahe *Paris Match*

Notes

une soupape partie d'une machine quelconque qui s'ouvre d'elle-même, souvent pour laisser échapper une forte pression

Questions

a En quel sens la passion pour les motos représente-t-elle une sorte d'agressivité ?
b Quel est l'avantage principal des motos en comparaison des voitures ?
c Pourquoi les gens, surtout les adolescents, aiment-ils rouler en moto ?
d Pourquoi est-ce que beaucoup de gens n'aiment pas les motards ?
e Peut-on dire que tous les motards sont mauvais garçons ?
f Pourquoi les jeunes motards circulent-ils en groupe ?
g Que faites-vous pour libérer votre «soupape intime» ?
h Est-ce qu'on devrait permettre aux moins de 17 ans de monter à moto ou à motocyclette ?
i Vous êtes octogénaire. Que pensez-vous des motards ?

La limitation de vitesse a fait baisser le nombre des infractions

Août 1973 a été, pour les accidents de la route, le mois d'août le moins meurtrier depuis 1968. Avec 1.405 tués, le bilan demeure très lourd, mais il représente ainsi 2,4% de moins qu'en 1972 et 11,5% de moins qu'en 1971.

Pour les deux mois de juillet et d'août, le bilan est le moins lourd enregistré depuis 1967 (2.790 tués, soit 9,2% de moins qu'en 1972 et 16,7% de moins qu'en 1971).

Moins de 10% des conducteurs ont été surpris en infraction depuis le premier juillet. C'est une proportion élevée certes, mais ce chiffre marque un léger progrès par rapport à l'année dernière (12%). A l'origine de cette diminution—l'impact psychologique provoqué par l'application des nouvelles mesures de sécurité.

Le plafond imposé des 100km-h (à l'exception des autoroutes et des voies faisant objet d'une réglementation antérieure) demeure un sujet de controverse entre les tenants d'une limitation généralisée et ceux d'une limitation modulée.

Le seuil de tolérance admis ne dépasse guère 5% en raison de l'imprécision présumée des compteurs et des appareils de contrôle. La question du dépassement suscite d'autres controverses, et les gendarmes ont reçu à ce sujet des consignes très strictes. L'impression qui prévaut, pour un grand nombre d'usagers, c'est la volonté de répression délibérée de la part de certains gendarmes.

Un collaborateur de *France-Soir* est ainsi tombé, vendredi dernier, dans une véritable embuscade. Gendarmes couchés à plat-ventre dans les fourrés, «estafette» parquée en retrait dans un chemin de traverse et, surtout, des dialogues par liaison-radio ne laissant guère de doute sur le caractère répressif de l'opération. C'était près de Coullons, sur la nationale 140. Route en parfait état, jour de semaine, circulation fluide, rien ne justifiait un tel dispositif et . . . de telles dispositions d'esprit.

Les conducteurs ont ainsi, assez souvent, le sentiment d'être «attendus» par les représentants de l'ordre, dont les moyens d'action ont sensiblement augmenté avec les cinémomètres-radars (440 en tout à 40.000 F l'unité), au verdict pratiquement sans appel. Des crédits nouveaux sont demandés au budget de 1974 pour doter de tels appareils davantage de groupements départementaux et de brigades locales.

«Nous voulons éviter de donner l'impression de tendre un piège, assurent les responsables de la gendarmerie. Ainsi, nous n'effectuons pas de contrôles à proximité des panneaux de limitation. Nous laissons toujours une marge suffisante pour la décélération du véhicule.»

Quant au port obligatoire de la ceinture de sécurité en dehors des agglomérations, il a reçu un accueil assez favorable, fait-on observer à la gendarmerie. Les péages sur les autoroutes et les points sensibles de ralentissement constituent les zones idéales pour contrôler le respect de cette règle nouvelle.

P. Mahe *Paris Match*

Questions

a A quoi est-ce que l'auteur de cet article attribue la diminution du nombre des accidents?

b Faut-il, à votre avis, appliquer strictement une limitation de vitesse? Qu'est-ce qu'il faut faire en ce cas de non-respect du code de la route?

c Pourquoi certains usagers de la route ont-ils l'impression que la gendarmerie exerce une répression?

d Est-ce qu'on peut justifier, à votre avis, les mesures prises par la gendarmerie sur la nationale 140?

e Faut-il appliquer strictement le code de la route ou faut-il fermer l'œil de temps en temps?

f Est-ce qu'on peut justifier le port obligatoire d'une ceinture de sécurité?

g Si vous étiez Ministre des Transports, que feriez-vous pour diminuer le bilan de morts et de blessés sur les routes?

h Toujours en qualité de Ministre des Transports, que feriez-vous pour améliorer les rapports entre les gendarmes et le public?

i A quel point peut-on éliminer les accidents de la route?

15
La presse

Mort d'un journal

Quand un quotidien disparaît, quels qu'en soient le genre ou le style, c'est toujours un peu de la liberté d'expression qui meurt.

Héritier, après des infortunes diverses, de *Franc-Tireur*, *Paris-Jour*, si «populaire» qu'ait été sa formule, n'était pas seulement un organe «d'information»; il exprimait assez régulièrement des opinions, reflétait en tout cas, comme tout journal, une mentalité, un état d'esprit. Ceux qui, nombreux, se reconnaissaient en lui ne se reporteront qu'en partie sur les survivants, dont, en première ligne, *le Parisien libéré*. Les autres perdront l'habitude de lire un journal; c'est une règle constamment observée depuis vingt ans.

La crise de la presse n'est pas essentiellement une crise de diffusion. Après des débuts difficiles, *Paris-Jour* n'avait cessé de gagner lentement mais sûrement des lecteurs. Il avait plus que doublé son tirage depuis 1961; il ne lui manquait que des annonceurs. Son déficit chronique, aggravé par le maintien d'un prix de vente insuffisant, n'était compensé que par les bénéfices du groupe—celui de «la presse du cœur»—auquel il appartenait. De plus en plus, la survie de beaucoup de quotidiens dépend du succès commercial d'autres publications. C'est une autre loi de la presse française....

Il faut le répéter une fois encore: les difficultés de la presse parisienne ne proviennent ni d'une baisse de diffusion ni pour la plupart d'une réduction globale de la publicité. Les raisons profondes ne sont ni très récentes ni très originales; elles tiennent à l'insuffisance des recettes provenant de la vente en raison tant du prix que des frais de distribution, et à des prix de revient sans cesse croissants.

Le Monde

Questions

a Qu'est-ce que l'auteur de cet article regrette le plus en parlant de la disparition de *Paris-Jour*?

b En quoi consistait l'importance de *Paris-Jour*?

c Qu'est-ce qui risque de résulter de la mort de *Paris-Jour*?

d Quel a été le facteur le plus important contribuant à la mort de *Paris-Jour*?

e Qu'est-ce qu'il faut pour assurer la survie d'un journal quelconque?

f En quoi consiste, à votre avis, l'importance de la presse?

g Si la survie de la presse dépend d'un succès commercial, est-ce qu'on peut parler d'une presse libre?

h Quels sont, à votre avis, les buts principaux d'un journal?

i Voudriez-vous provoquer la mort d'un journal? Lequel et pour quelles raisons?

Le journalisme

Il faut bien que nous nous occupions aussi du journalisme d'idées. La conception que la presse française se fait de l'information pourrait être meilleure, nous l'avons déjà dit. On veut informer vite au lieu d'informer bien. La vérité ne gagne pas.

On ne peut donc raisonnablement regretter que les articles de fond prennent à l'information un peu de la place qu'elle occupe si mal. Une chose du moins est évidente, l'information telle qu'elle est fournie aujourd'hui aux journaux, et telle que ceux-ci l'utilisent, ne peut se passer d'un commentaire critique. C'est la formule à laquelle pourrait tendre la presse dans son ensemble.

D'une part, le journalisme peut aider à la compréhension des nouvelles par un ensemble de remarques qui donnent leur portée exacte à des informations dont ni la source ni l'intention ne sont toujours évidentes. Il peut, par exemple, rapprocher dans sa mise en page des dépêches qui se contredisent et les mettre en doute l'une par l'autre. Il peut éclairer le public sur la probabilité qu'il est convenable d'attacher à telle information, sachant qu'elle émane de telle agence ou de tel bureau à l'étranger. Pour donner un exemple précis, il est bien certain que, parmi la foule de bureaux entretenus à l'étranger, avant la guerre, quatre ou cinq seulement présentaient les garanties de véracité qu'une presse décidée à jouer son rôle doit réclamer. Il revient au journaliste, mieux renseigné que le public, de lui présenter, avec le maximum de réserves, des informations dont il connaît bien la précarité.

Il est un autre apport du journaliste au public. Il réside dans le commentaire politique et moral de l'actualité. En face des forces désordonnées de l'histoire, dont les informations sont le reflet, il peut être bon de noter, au jour le jour, la réflexion d'un esprit ou les observations communes de plusieurs esprits. Mais cela ne peut se faire sans scrupules, sans distance et sans une certaine idée de la relativité. Certes, le goût de la vérité n'empêche pas la prise de parti. Et même, si l'on a commencé de comprendre ce que nous essayons de faire dans ce journal, l'un ne s'entend pas sans l'autre. Mais, ici comme ailleurs, il y a un ton à trouver, sans quoi tout est dévalorisé.

Albert Camus *Combat*
(Éditions Gallimard)

Questions

a Pourquoi la vérité ne gagne-t-elle pas quand il s'agit d'informer rapidement ?

b Pourquoi les articles de fond sont-ils importants ?

c Pourquoi fallait-il, selon Camus, commenter les dépêches reçues de l'étranger ?

d A quel point les opinions de la rédaction d'un journal devraient-elles se faire voir ?

e Est-ce que le simple reportage des nouvelles pourrait intéresser les gens ? Pourquoi (pas) ?

f «Le goût de la vérité n'empêche pas la prise de parti.» Êtes-vous d'accord ?

g La presse a-t-elle une certaine responsabilité envers ses lecteurs ?

h Est-ce qu'il faut imposer des limites à la liberté de la presse ?

i A quel point un journal peut-il exercer une influence sur ses lecteurs ?

La presse hebdomadaire

L'Express était sans doute l'hebdomadaire dont ils* faisaient le plus grand cas. Ils ne l'aimaient guère, à vrai dire, mais ils l'achetaient, ou, en tout cas, l'empruntant chez l'un ou chez l'autre, le lisaient régulièrement, et même, ils l'avouaient, ils en conservaient fréquemment de vieux numéros. Il leur arrivait

*les gens des années soixante

plus que souvent de n'être pas d'accord avec sa ligne politique (un jour de saine colère, ils avaient écrit un court pamphlet sur «le style du Lieutenant») et ils préféraient de loin les analyses du *Monde*, auquel ils étaient unanimement fidèles, ou même les prises de position de *Libération*, qu'ils avaient tendance à trouver sympathique. Mais *l'Express*, et lui seul, correspondait à leur art de vivre; ils retrouvaient en lui, chaque semaine, même s'ils pouvaient à bon droit les juger travesties et dénaturées, les préoccupations les plus courantes de leur vie de tous les jours. Il n'était pas rare qu'ils s'en scandalisent. Car, vraiment, en face de ce style où régnaient la fausse distance, les sous-entendus, les mépris cachés, les envies mal digérées, les faux enthousiasmes, les appels du pied, les clins d'œil, en face de cette foire publicitaire qui était tout *l'Express*—sa fin et non son moyen, son aspect le plus nécessaire—en face de ces petits détails qui changent tout, de ces petits quelque chose de ne pas cher et de vraiment amusant, en face de ces hommes d'affaires qui comprenaient les vrais problèmes, de ces techniciens qui savaient de quoi ils parlaient et qui le faisaient bien sentir, de ces penseurs audacieux qui, la pipe à la bouche, mettaient enfin au monde le vingtième siècle, en face, en un mot, de cette assemblée de responsables, réunis chaque semaine en forum ou en table ronde, dont le sourire béat donnait à penser qu'ils tenaient encore dans leur main droite les clés d'or des lavabos directoriaux, ils songeaient immanquablement, répétant le pas très bon jeu de mots qui ouvrait leur pamphlet, qu'il n'était pas certain que *l'Express* fût un journal de gauche, mais qu'il était sans aucun doute possible un journal sinistre. C'était d'ailleurs faux, ils le savaient très bien, mais cela les réconfortait.

Ils ne s'en cachaient pas; ils étaient des gens pour *l'Express*. Ils avaient besoin, sans doute, que leur liberté, leur intelligence, leur gaieté, leur jeunesse soient, en tout temps, en tous lieux, convenablement signifiées. Ils le laissaient les prendre en charge, parce que c'était le plus facile, parce que le mépris même qu'ils éprouvaient pour lui les justifiait. Et la violence de leurs réactions n'avait d'égale que leur sujétion: ils feuilletaient le journal en maugréant, ils le froissaient, ils le rejetaient loin d'eux. Ils n'en finissaient plus parfois de s'extasier sur son ignominie. Mais ils le lisaient, c'était un fait, ils s'en imprégnaient.

Georges Perec *Les choses*
(Julliard)

Questions

a Pourquoi est-ce que d'autres journaux étaient préférables à *l'Express*?

b Pourquoi est-ce que les fidèles de *l'Express* affectionnaient tellement leur journal?

c Est-ce que *l'Express* se contentait d'un simple reportage des faits?

d Est-ce qu'il y a un journal de votre pays qui excite les mêmes émotions que *l'Express*?

e Les lecteurs de *l'Express* s'extasiaient sur son ignominie, mais ils le lisaient et s'en imprégnaient. Expliquez ce paradoxe.

f Quel est, à votre avis, le rôle de la presse hebdomadaire? En quoi celle-ci diffère-t-elle de la presse quotidienne?

g Est-ce qu'on peut justifier l'existence de la presse de scandale?

h Si vous étiez journaliste, préféreriez-vous travailler pour un journal quotidien ou hebdomadaire? Pourquoi?

i Est-ce que la presse a certains avantages sur la télévision?

16
La guerre

La guerre moderne

La guerre moderne, on ne peut se colleter avec un pareil monstre. De là notre embarras, quand nous en écrivons même à présent, à plus forte raison quand nous étions devant elle. Nous étions les manœuvres forcés d'une machine infernale dont ceux-là même qui l'avaient construite n'avaient pas soupçonné la puissance. Livrés à la «puissance du feu», ainsi que commençaient de dire les généraux. Tout le mal que peut la science moderne quand elle est sans conscience avait éclaté d'un coup. Et naïvement, candidement, nous menions encore nos pensées comme aux temps du chevalier d'Assas ou du tambour Bara. Nous essayions d'ajuster la simple table des valeurs que nous avait léguée l'histoire, à une catastrophe scientifique et mécanique qui était la preuve même que les hommes avaient perdu le contrôle du monde et d'eux-mêmes. Nous n'y parvenions pas. Je souffrais, quant à moi, d'un grand désaccord avec moi-même. Car on veut bien mourir, comme un homme, pour une idée qui vaut plus que soi-même, mais on ne pouvait vouloir mourir, comme le jouet des choses, dans cette espèce de chaos mécanique et réglementé où se perdait toute humaine volonté.

Jean Guéhenno *Journal d'un homme de 40 ans*
(Éditions Bernard Grasset)

Notes

se colleter lutter, se battre

le chevalier d'Assas (Louis, chevalier d') né au Vigan (1733–1760), capitaine au régiment d'Auvergne. Dans une embuscade, il sacrifia sa vie au salut de l'armée en donnant l'alarme

Bara (Joseph) enfant célèbre par son héroïsme, né à Palaiseau en 1779, tué près de Cholet en 1793. Il avait suivi l'armée républicaine. Pris dans une embuscade et sommé de crier: «Vive le roi!», il s'écria: «Vive la république!» et fut massacré

Questions

a Pourquoi les écrivains éprouvent-ils un fort embarras en traitant de la guerre?

b En quoi consiste la puissance de la machine infernale dont parle l'auteur?

c Quelles sont les responsabilités que la science moderne devrait assumer?

d Comment est-ce que la morale de nos jours diffère de celle du temps du chevalier d'Assas et du tambour Bara?

e Quelles étaient les valeurs que l'histoire avait léguées aux hommes?

f Guéhenno écrit que les hommes, en faisant la guerre, avaient perdu le contrôle du monde et d'eux-mêmes. Qu'est-ce qu'il veut dire par cela? Êtes-vous du même avis?

g Est-ce que la guerre moderne est vraiment différente de la guerre de l'antiquité?

h Pour quelle(s) idées(s) seriez-vous prêt à mourir?

i Quelle est l'attitude de Guéhenno envers la guerre?

Une batterie anglaise

La route est là à cent mètres, pomponnée d'arbres et filant droit d'un bosquet à une ferme. Il pleut tout doucement. Quatre avions à croix noire sortent des nuages. Ils descendent comme des hirondelles jusqu'à raser la terre avec leurs ventres. Ils tirent à la mitrailleuse quelques coups comme des claquements de bec.

«Soufflons», dit La Poule.

Un terrible éclair écarte la haie, là devant. Un départ.

C'est une batterie anglaise: des roues, des tronçons de tubes, des douilles vides, des obus comme des cocons de chenilles; des chevaux éventrés, le cou tordu; des hommes, la face contre la terre; des visages noirs qui mordent le ciel; une jambe, de la chair en bouillie, de la cervelle d'homme sur une jante de roue.

Au milieu de tout ça, un canon tire. Il est servi par deux artilleurs nus jusqu'à la ceinture. Ils marchent sur le cadavre de l'officier. Pour relever l'obus à deux ils écrasent le visage de l'officier sous leurs gros souliers.

Un obus éclate sur la batterie, on ne l'a pas entendu venir. Barnous penche la tête. Il essaie de toucher sa tête avec sa main, son bras ne va pas plus haut que l'épaule et retombe doucement. Il se renverse sur Olivier.

Un jet de sang fuse de sa tête étoilée.

«A la route!»

La route est comme un ruisseau mort. Elle est sous la pourriture de voitures, de chevaux crevés et d'hommes; des canons dans les fossés, des mitrailleuses, des tôles éventrées, des tonneaux de bière, des caisses de galettes, des pains de sucre, des sacs de tabac.

«A travers champs!»

Jean Giono *Le grand troupeau*
(Éditions Gallimard)

Notes

un obus projectile
une jante cercle extérieur d'une roue
une tôle feuille de fer ou d'acier plus ou moins épaisse, obtenue par laminage

Questions

a Quel est l'effet de cette guerre sur les hommes? A quels détails reconnaît-on cela?
b Pendant quelle guerre est-ce que cet épisode se déroule? Comment le savez-vous?
c Comment la vie quotidienne de cette région aurait-elle été changée par cette guerre?
d Peut-on jamais justifier la guerre?
e Pourquoi est-ce qu'on abandonne la route pour prendre à travers champs?
f Quelle est l'attitude de l'auteur envers la guerre?
g Comment imaginez-vous une guerre future?
h Imaginez une campagne (ou une ville) dévastée par une bombe nucléaire.

La France libre

Poursuivre la guerre? Oui, certes! Mais pour quel but et dans quelles limites? Beaucoup, lors même qu'ils approuvaient l'entreprise, ne voulaient pas qu'elle fût autre chose qu'un concours donné, par une poignée de Français, à l'Empire britannique demeuré debout et en ligne. Pas un instant, je n'envisageai la tentative sur ce plan-là. Pour moi, ce qu'il s'agissait de servir et de sauver, c'était la nation et l'État.

Je pensais, en effet, que c'en serait fini de l'honneur, de l'unité, de l'indépendance, s'il devait être entendu que, dans cette guerre mondiale, seule la France aurait capitulé et qu'elle en serait restée là. Car, dans ce cas, quelle que dût être l'issue du conflit, que le pays, décidément vaincu, fût un jour débarrassé de l'envahisseur par les armes étrangères ou qu'il demeurât asservi, le dégoût qu'il aurait de lui-même et celui qu'il inspirerait aux autres empoisonneraient son âme et sa vie pour de longues générations. Quant à l'immédiat, au nom de quoi mener quelques-uns de ses fils à un combat qui ne serait plus le sien? A quoi bon fournir d'auxiliaires les forces d'une autre puissance? Non! Pour que l'effort en valût la peine, il fallait aboutir à remettre dans la guerre, non point seulement des Français, mais la France.

Cela devait comporter: la réapparition de nos armées sur les champs de bataille, le retour de nos territoires à la belligérance, la participation du pays lui-même à l'effort de ses combattants, la reconnaissance par les puissances étrangères du fait que la France, comme telle, aurait continué la lutte, bref, le transfert de la souveraineté, hors du désastre et de l'attentisme, du côté de la guerre et, un jour, de la victoire.

Charles de Gaulle *Mémoires*
(Librairie Plon)

Notes

un concours (*ici*) action de coopérer

Questions

a Comment aurait-il été possible de considérer la tentative du général de Gaulle comme concours donné à l'Empire britannique?

b Qu'est-ce que vous auriez pensé des idées du général de Gaulle si vous aviez été premier ministre de la Grande-Bretagne en 1940?

c Dans quelle mesure y a-t-il une différence entre les termes «la nation» et «l'état»?

d Si vous aviez habité en France en 1940, auriez-vous accepté qu'il fallût aboutir à se replonger dans la guerre?

e Est-il jamais possible de remporter la victoire dans une guerre?

f Quelle est l'attitude de de Gaulle envers son pays?

g Est-ce que de Gaulle en a voulu aux Britanniques pendant la deuxième guerre et après?

h Dans quelle mesure de Gaulle a-t-il réalisé son but?

17
La politique en Europe

Le Marché commun—deux points de vue anglais

Comme le chauvinisme doit toujours avoir le dernier mot, certains théoriciens prennent la défense de la décadence actuelle du pays. Le peuple britannique, disent-ils, a choisi entre le niveau de vie et le mode de vie. Il préfère un effort mesuré à une amélioration indéfinie de sa condition matérielle. La faible croissance de son économie traduit la supériorité de sa civilisation. Nous en sommes fiers. God save the Queen! On flatte cette sottise—qui a franché la Manche—en l'honorant du nom de sophisme. Les faits la réfutent. La durée du travail est plus élevée en Angleterre et la longueur des congés est moindre que sur le continent. Le loisir—admirable conquête des temps modernes—n'est accessible aux masses que par une haute productivité du travail. Niveau de vie et mode de vie marchent ensemble—même si un certain arbitrage doit s'exercer entre eux. L'Angleterre n'a pas trouvé une sagesse, elle berce une paresse en restant à la traîne de son temps . . . .

Les bons, les courageux patriotes qui veulent amener la Grande-Bretagne dans l'Europe sont conscients de ces dures réalités. Ils ont à peu près réussi à détruire le mythe du grand large, à dissiper le fantôme de l'empire défunt. Ils n'ont pas encore surmonté l'idée populaire qu'en contractant mariage avec l'Europe, Britannia se mésallie. L'opposition au Marché commun n'est pas autre chose qu'une vanité populaire cultivée par des démagogues. Ils trahissent l'avenir pour une gloriole, ils combattent l'unique chance de redressement de leur pays.

Raymond Cartier *Paris Match*

Questions

a «Niveau de vie et mode de vie marchent ensemble.» Partagez-vous cette opinion?

b Trouvez-vous que la Grande-Bretagne jouisse vraiment d'une civilisation supérieure à celle du continent? Qu'entendez-vous par le mot «civilisation»?

c Pourquoi l'auteur considère-t-il l'argument de ceux qui s'opposent au Marché commun comme une sottise?

d Trouvez-vous que le loisir soit en effet une «admirable conquête des temps modernes» ou bien un fléau?

e A quels égards serait-il juste de dire que la Grande-Bretagne reste «à la traîne de son temps»? D'où vient cette tendance chez les Anglais?

f Quel est le «mythe du grand large» dont parle l'auteur? Trouvez-vous que ce «mythe» exerce toujours une influence considérable sur les attitudes des Anglais?

g Croyez-vous que Britannia se mésallie en contractant mariage avec l'Europe?

h Qu'est-ce que vous entendez par la «vanité populaire cultivée par les démagogues»?

i Quelle est votre attitude envers le Marché commun?

La politique étrangère du général de Gaulle

La politique étrangère du général de Gaulle est construite sur trois idées-forces. La France doit être au premier rang. Les relations entre États—alliés ou non—ne sont fondées que sur la puissance et la ruse. Les idéologies ne comptent guère, et les seules forces véritables qui s'affrontent dans l'arène internationale sont les nations.

La première idée est née avec lui. La seconde, il l'a exprimée de la façon la plus crue, un jour qu'en Conseil des ministres M. Couve de Murville parlait des «États amis de la France». Il coupa: «M. le Ministre des Affaires étrangères, un État digne de ce nom n'a pas d'ami». La troisième, on en trouve l'exemple le plus surprenant dans une observation faite à un de ses collaborateurs suggérant en novembre 1944 que l'on admît M. Churchill à participer, selon ses vœux, aux entretiens franco-soviétiques qui se préparaient, pour aboutir à la signature d'un pacte tripartite: «Inadmissible, fit le général. On ne saurait assimiler les relations de la France et de la Russie, entre lesquelles n'existe aucun différend, avec les rapports entre la France et l'Angleterre, que divisent encore de sérieuses divergences d'intérêts . . . .»

Le général n'eut pas plus tôt repris en main les mécanismes du pouvoir, jeté les bases de la Communauté et mis au point le texte constitutionnel, qu'il abattit son jeu face aux alliés de la France: dans un message adressé à Washington et à Londres le 24 septembre 1958, il posait très clairement le problème qu'il tient pour fondamental, celui d'une égalité de traitement avec les Anglo-saxons dans la conduite des affaires de l'Occident. Ce que Charles-le-Seul n'avait pu arracher pendant la guerre à ses puissants protecteurs, le général de Gaulle, investi par la foule d'un pouvoir à peu près sans limite, l'exigeait maintenant de ses partenaires: l'époque de Téhéran et de Yalta était révolue. Il n'obtint que des réponses évasives, et décida donc de forcer la porte de ce club trop fermé.

Jean Lacouture *de Gaulle*
(Éditions du Seuil)

Notes

Téhéran Conférence de Téhéran en 1943 entre Staline, Roosevelt et Churchill

Yalta une conférence s'y tint entre Churchill, Roosevelt et Staline (1945) afin de coordonner les efforts contre l'Allemagne et de prendre des décisions aux règlements de la paix

Questions

a Expliquez le terme «idée-force».

b A quels égards est-ce que la France et la Russie avaient des intérêts communs en 1944?

c Pourquoi le général de Gaulle dit-il en 1944 que de sérieuses divergences d'intérêts divisaient les rapports entre la France et l'Angleterre? Est-ce pareil de nos jours?

d Qu'est-ce que le général de Gaulle a exigé de ses partenaires le 24 septembre 1958?

e Pourquoi «la foule» a-t-elle investi le général de Gaulle «d'un pouvoir à peu près sans limite»?

f Quelle est l'attitude de l'auteur, à votre avis, envers la politique du général de Gaulle?

g Un «état digne de son nom n'a pas d'amis». Qu'en pensez-vous?

h Sur quoi les rapports entre les états sont-ils fondés, à votre avis? Sur quoi devraient-ils être fondés?

i Est-ce que la politique étrangère de la France a évolué depuis l'époque du général de Gaulle?

Adversaire du Marché commun

«Si Jésus était venu en Angleterre, a dit un évêque anglican, M. Powell l'aurait rapatrié.» Il a déposé un projet de loi pour que les individus noirs ou bistres vivant en Grande-Bretagne soient déportés. Il veut que les Irlandais, qui fournissent un quart de la main-d'œuvre à Glasgow, Liverpool, Manchester, etc., soient traités comme des étrangers. Il entend défendre la pureté raciale et la tradition ancestrale des îles britanniques. Il reprend tous les thèmes du chauvinisme, de l'isolationnisme, du victorianisme. Et—naturellement—il est au premier rang de ceux qui combattent l'adhésion de l'Angleterre au Marché commun.

Enoch Powell est un homme puissant. Le chef du parti conservateur Edward Heath souleva contre lui une véritable rage lorsqu'il s'honora en flétrissant les discours bassement racistes de l'ancien ministre tory. Des sondages d'opinion désignèrent Powell, avant Barbara Castle et Harold Wilson, comme la personnalité politique la plus populaire du Royaume-Uni. Poète et ex-professeur de grec, admirateur de Nietzsche, il a adopté les moyens d'expression physiques des grands démagogues, la violence verbale, le rictus haineux, la répétition et la fureur. Il n'entraîne pas seulement les Anglais nostalgiques d'une grandeur évanouie. Sa circonscription, Wolverhampton, est l'une des plus industrielles d'Angleterre. Les ouvriers disent: «Powell nous défend contre les métèques et les continentaux».

Powell est l'aile droite des conservateurs. Emanuel Shinwell est l'aile gauche des travaillistes. A la récente conférence de Brighton, il est entré dans un véritable état de frénésie. «Jetez le Marché commun à la poubelle, piétinez-le, coulez-le à jamais. L'Angleterre n'a pas besoin de l'appui de l'Europe pour se tenir sur ses jambes!»

Les travaillistes sont les véritables conservateurs britanniques. Emanant directement des syndicats, ils épousent les préjugés insulaires et xénophobes des masses, à commencer par une méfiance incoercible envers toute association de l'Angleterre et du continent.

Raymond Cartier *Paris Match*

Questions

a Pourquoi Enoch Powell tenait-il tellement à rapatrier tous les étrangers vivant en Grande-Bretagne?

b Pourquoi les gens dont il est question sont-ils venus en Grande-Bretagne?

c A quel point la main-d'œuvre étrangère est-elle indispensable à la Grande-Bretagne?

d Si les Britanniques s'estiment non-racistes, pourquoi est-ce que Enoch Powell a été désigné en 1969 la personnalité la plus populaire du Royaume-Uni?

e L'auteur parle d'une grandeur évanouie. En quoi consistait autrefois cette grandeur? Croyez-vous qu'elle puisse revenir?

f Pourquoi l'aile gauche du parti travailliste elle aussi était-elle contre l'adhésion britannique au Marché commun?

g En quel sens les travaillistes sont-ils «les véritables conservateurs»?

h Dans cet article on voit le point de vue des extrémistes de la gauche et de la droite. Quel était le point de vue des autres?

i Est-ce qu'il faut, à votre avis, imposer des limites, ou bien mettre fin, à l'immigration en Grande-Bretagne? Pourquoi?

18
La connaissance et la transplantation des organes

Le cerveau humain

C'est à la complexité même de notre cerveau que nous devons la supériorité du psychisme humain! C'est de lui que tout dépend. Et notre intelligence et notre «moi» profond, les réalisations les plus brillantes de l'humanité comme ses échecs les plus graves. On comprend, dès lors, qu'en découvrir les mécanismes fut de tout temps l'un des principaux buts de la recherche. Déjà, chasseurs préhistoriques et guerriers primitifs avaient pu prendre conscience du rôle psychique de cette masse malléable et grisâtre qu'ils savaient se trouver sur leur boîte crânienne. Ils avaient constaté les troubles et les comas provoqués par les contusions ou les blessures de la tête atteignant le cerveau et en avaient tiré les conclusions logiques . . . .

Cependant, si nos connaissances sur l'anatomie cérébrale datent de la haute Antiquité et ont été précisées à la Renaissance, ce n'est qu'au XIXe siècle qu'on a réellement commencé à entrevoir les mécanismes réels du fonctionnement de notre cerveau. Qu'ils aient voulu—labeur délicat et sans issue—situer le point d'insertion de l'âme ou matérialiser la pensée comme une sécrétion du cerveau, les chercheurs du siècle dernier ont exploré les profondeurs du crâne afin d'y découvrir, avant tout, les régions précises auxquelles il leur serait possible d'attribuer la responsabilité de chacune de nos diverses fonctions psychiques. En fait, s'ils purent ainsi découvrir dans le cortex cérébral des zones motrices et sensitives, il leur a fallu renoncer à faire de chaque cellule nerveuse—les neurones—un petit cerveau ayant les fonctions psychologiques propres.

Ensuite vint Pavlov. Il démontra que notre cerveau fonctionne comme un tout grâce à de grands circuits nerveux dont les neurones ne sont qu'un élément constitutif. Ainsi, on parvint finalement à cette vérité: le psychisme ne peut se localiser pour la bonne raison qu'il se manifeste, avant tout, dans le fonctionnement général harmonieux de l'ensemble de la machine cérébrale.

Paul Chauchard *Paris Match*

Questions

a Dans quel sens est-ce que tout dépend du cerveau?

b Quel est le «moi» profond dont parle l'auteur? Diffère-t-il vraiment de l'intelligence?

c Comment les chasseurs primitifs et les chasseurs de l'antiquité ont-ils pu constater que le cerveau joue un rôle très important pour le psychisme humain? Expliquez cela sans avoir recours au texte!

d Pourquoi est-ce que l'auteur écrit que la tentative de situer le point d'insertion de l'âme ou de matérialiser la pensée est un labeur délicat et sans issue? Êtes-vous du même avis?

e Nommez quelques-unes des fonctions que dirigent certaines zones du cerveau.

f Comment les savants avaient-ils considéré le rôle de chaque neurone avant les découvertes du dix-neuvième siècle?

g Trouvez-vous nécessaire de comprendre la fonction et le fonctionnement de chaque partie du corps? Pourquoi (pas)?

h A quoi servent les recherches sur le fonctionnement du cerveau?

i Si la transplantation des cerveaux était possible, seriez-vous pour ou contre? Pourquoi (pas)?

Les transplantations cardiaques: interview avec un chirugien—Cabrol

Cabrol: Voyez-vous, il y avait uniquement le cas de Blaiberg qui nous intéressait. Pour lui, la greffe avait été un succès et nous ne voulions pas penser aux échecs, à Washkansky . . . à Kasperak, le premier malade de Shumway, dont la fin fut absolument dramatique . . . Il n'y a que les succès qui comptent et je dois dire que les réussites spectaculaires de ces derniers jours, depuis notre greffe, nous comblent de joie. Cela nous réconforte. Je crois que les succès actuels vont permettre d'élargir les indications opératoires en ce qui concerne la transplantation. C'est merveilleux! Maintenant vous allez voir des choses extraordinaires se dérouler. Vous allez assister à ce qu'est le développement d'une technique chirurgicale. Nous, nous avons connu les débuts de la chirurgie valvulaire. C'était dramatique! Il y a eu pour moi des jours, des semaines épouvantables, et ce n'est que grâce à mon maître Gaston Cordier . . . que j'ai persévéré. Il me poussa malgré tout à continuer en dépit des morts, des échecs successifs. Si certaines techniques chirurgicales maintenant au point s'étaient développées comme cela se fait aujourd'hui avec la greffe du cœur, avec le public comme juge, je ne sais pas ce que cela aurait fait. On n'aurait pas avancé!

Marc Heimer *Paris Match*

Notes

Washkansky, *Blaiberg* Sud-Africains, les premiers receveurs de cœurs greffés

Shumway chirurgien américain

Cabrol chirurgien français

Questions

a «Il n'y a que les succès qui comptent.» Trouvez-vous que Cabrol ait le droit de dire cela?

b Quelles étaient, à votre avis, les choses extraordinaires qui allaient se dérouler?

c Dans quelle mesure l'optimisme de Cabrol a-t-il été justifié?

d Quels auraient été les sentiments de Cabrol pendant les «semaines épouvantables» qu'il a éprouvées?

e Pourquoi le public trouve-t-il maintenant possible de juger les nouvelles techniques chirurgicales?

f Trouvez-vous souhaitable que le public jouisse de ce pouvoir?

g Quelle impression avez-vous de la personnalité de Cabrol en lisant cette interview?

h Est-ce qu'on peut justifier des opérations où il y a de grands risques à courir?

i A quel point faut-il tenir compte des arguments religieux et moraux dans la médecine d'aujourd'hui et de l'avenir?

Des problèmes de la transplantation

La plupart des transplantations rénales se sont faites entre frère et sœur, et entre donneurs vivants. L'organe était prélevé au moment précis où il devait être greffé, ce qui éliminait les problèmes de conservation. Par ailleurs, les transplantations s'effectuaient sur des sujets plus jeunes que ne le sont habituellement les malades cardiaques. Mais c'est surtout la question de la compatibilité tissulaire qui a modifié le plus profondément les conditions du succès ou de l'échec entre ces deux catégories de greffe.

Le rein est un organe double: il est donc possible d'effectuer un prélèvement au moment voulu sur un donneur vivant, proche parent du malade. Tandis que le cœur est un organe unique. Son prélèvement implique automatiquement la mort du donneur. Cependant, la vie organique de ce dernier ne doit pas avoir complètement cessé à l'instant où l'on effectue l'intervention, ce qui en subordonne la possibilité à une réunion exceptionnelle de circonstances médicales et matérielles. Et il faut encore obtenir la chance supplémentaire que le hasard propose un donneur dont le groupe sanguin et la personnalité génétique conviennent au receveur.

Ces difficultés revêtent leur extrême acuité lorsqu'il s'agit du poumon. Au point de vue physiologique, cet organe est en effet plus complexe à suivre que les autres, plus sensible à l'infection et aux phénomènes de rejet.

Au point où nous en sommes, cette stratégie de la lutte contre la mort peut donc se résumer en deux phrases: sur les tables d'opération, la bataille technique est gagnée. Mais il fait maintenant pénétrer dans le secret de la cellule pour remporter la victoire définitive.

Roger Châteauneu *Paris Match*

Questions

a A quels égards est-il plus facile d'effectuer une transplantation rénale qu'une transplantation cardiaque?

b Imaginez une situation où se réunissent les circonstances médicales et matérielles propres à une transplantation cardiaque.

c Pourquoi la transplantation cardiaque est-elle l'objet de tant de controverse?

d Trouvez-vous justifiable de lutter jusqu'à ce point contre la mort?

e Les transplantations cardiaques coûtent très cher. Êtes-vous pour cette dépense, ou aimeriez-vous mieux qu'on essaie de mettre au point d'autres techniques chirurgicales?

f En quoi consiste l'attrait de la transplantation cardiaque pour certains chirurgiens?

g Que veut dire l'auteur par «la victoire définitive»?

h Si vous étiez obligé de décider lequel de deux personnes gravement malades devrait recevoir un organe greffé, comment feriez-vous votre choix?

i Imaginez que vous êtes le proche parent d'une personne tuée dans un accident de route. Est-ce que vous permettriez le prélèvement d'organes à celle-ci pour sauver la vie à un malade? Pourquoi (pas)?

19
Blanc et noir

Des « négriers » en France

Il n'y a plus de négriers en Afrique. De nos jours, c'est en Europe qu'on les trouve, entre Lisbonne et Paris: derniers en date à immigrer chez nous, les Portugais sont aujourd'hui le «bois d'ébène» du marché du travail. Un fait divers parmi cent: les gendarmes de la Vienne arrêtent un camion immatriculé dans les Basses-Pyrénées. Sur les côtés, une raison sociale en grandes lettres bleues: «Toute la marée». Le chauffeur, un mareyeur de Ciboure, n'a pas de justificatif de transport. On ouvre les portes du fourgon. A l'intérieur, dans un espace de neuf mètres cubes, 44 hommes et une femme à moitié morts d'asphyxie, tous portugais. L'âge varie de dix-sept à quarante-cinq ans, deux sont pères de famille nombreuse, l'un est même étudiant. Avant de prendre le camion du mareyeur—moyennant «honnête» commission—ces malheureux avaient franchi clandestinement leur frontière et traversé l'Espagne à pied, de nuit, se nourrissant de sardines et de pain, et payant tout au long du parcours autant de primes aux passeurs qu'il y avait d'obstacles à passer. Mais souvent, le voyage se termine plus mal: sous les roues d'un train dans lequel on avait essayé de sauter en rase campagne, ou au fond d'un ravin des Pyrénées, parce qu'il y avait trop de brouillard, cette nuit-là, sur le chemin des contrebandiers.

Mais voici notre clandestin au bout de ses angoisses, débarqué à bon port. Il a cousu au fond de la dernière poche de son dernier pantalon un certificat d'embauche signé d'un employeur français; ou un faux certificat (payé, lui aussi, à prix d'or à des officines spécialisées); ou pas de certificat du tout. En fait, cela ne fera pas grande différence, tant est grand l'appétit de main-d'œuvre de l'industrie française. Et c'est ici qu'intervient la prodigieuse langue française avec son art de la nuance qui fait, comme on sait, l'admiration du monde entier: si l'immigrant est en règle (c'est-à-dire s'il a subi avant son départ un contrôle professionnel, médical et de moralité devant les agents de notre office d'immigration à l'étranger, ce qui est la loi), il est admis en France par la voie dite de l'«introduction». Sinon, il est également admis, par la voie de la «régularisation» . . . On pourrait penser que la première, étant la loi, est aussi la règle. Et que la seconde est l'exception. C'est le contraire. Voici, extraits d'un rapport récent, les proportions: pour 31% d'immigrants «introduits», 69% de «régularisés».

Tout le mal vient de là: la misère des bidonvilles (plus de 500 en France, 118 pour la seule banlieue de Paris), l'exploitation éhontée des «tauliers» (un hôtel loué à des immigrants—des châlits sur lesquels on s'entasse à 10 ou 15 par «piaule», avec 60 centimètres d'espace sur la tête, un robinet à l'étage et les w.-c. dans la cour, quand il y en a—procure les bénéfices d'un petit Hilton), l'affreuse solitude de ces gens déracinés, tenus à l'écart par leurs camarades d'usine ou de chantier, méprisés dans la rue, tout cela n'a pas d'autre cause. D'une main, la France fait des plans pour l'installation d'un nombre déterminé d'arrivants; et de l'autre, elle écarte plan, lois, principes pour ouvrir ses portes à deux battants.

G. Menant *Paris Match*

Questions

a Pourquoi tellement d'immigrés illégaux veulent-ils entrer en France ou en Angleterre?

b Quels risques sont-ils obligés de courir?

c Quelle est l'attitude des autochtones envers les immigrés légaux ou illégaux?

d Pourquoi les gouvernements ne peuvent-ils pas refuser l'entrée aux immigrés?

e En quoi consiste «la misère des bidonvilles»?

f Pourquoi beaucoup d'immigrés se sentent-ils affreusement seuls?

g A quel point le gouvernement français fait-il preuve d'une certaine hypocrisie envers les immigrés?

h Vous êtes directeur des services sociaux de votre région. Qu'est-ce que vous allez faire pour améliorer le sort des immigrés de votre région?

i Vous êtes un immigré illégal. Décrivez vos sentiments au moment où vous descendez du camion couvert dans un des bas quartiers d'une grande ville.

Les colons et les colonisés

La zone habitée par les colonisés n'est pas complémentaire de la zone habitée par les colons. Ces deux zones s'opposent, mais non au service d'une unité supérieure. Régies par une logique purement aristotélicienne, elles obéissent au principe d'exclusion réciproque: il n'y a pas de conciliation possible, l'un des termes est de trop. La ville du colon est une ville en dur, toute de pierre et de fer. C'est une ville illuminée, asphaltée, où les poubelles regorgent toujours de restes inconnus, jamais vus, même pas rêvés. Les pieds du colon ne sont jamais aperçus, sauf peut-être dans la mer, mais on n'est jamais assez proche d'eux. Des pieds protégés par des chaussures solides alors que les rues de leur ville sont nettes, lisses, sans trous, sans cailloux. La ville du colon est une ville repue, paresseuse, son ventre est plein de bonnes choses à l'état permanent. La ville du colon est une ville de Blancs, d'étrangers.

La ville du colonisé, ou du moins la ville indigène, le village nègre, la médina, la réserve est un lieu malfamé, peuplé d'hommes malfamés. On y naît n'importe où, n'importe comment. On y meurt n'importe où, de n'importe quoi. C'est un monde sans intervalles, les hommes y sont les uns sur les autres, les cases les unes sur les autres. La ville du colonisé est une ville affamée, affamée de pain, de viande, de chaussures, de charbon, de lumière. La ville du colonisé est une ville accroupie, une ville à genoux, une ville vautrée. C'est une ville de nègres, une ville de bicots. Le regard que le colonisé jette sur la ville du colon est un regard de luxure, un regard d'envie. Rêves de possession. Tous les modes de possession: s'asseoir à la table du colon, coucher dans le lit du colon, avec sa femme si possible. Le colonisé est un envieux. Le colon ne l'ignore pas qui, surprenant son regard à la dérive, constate amèrement mais toujours sur le qui-vive: «Ils veulent prendre notre place». C'est vrai, il n'y a pas un colonisé qui ne rêve au moins une fois par jour de s'installer à la place du colon.

Frantz Fanon *Les damnés de la terre*
(Librairie François Maspero)

Notes

un bicot (*mot péjoratif*) Arabe

Questions

a Quelles sont les différences principales entre la zone du colon et celle du colonisé?

b Pourquoi les colons et les colonisés pratiquent-ils une exclusion réciproque?

c Pourquoi les colons s'installent-ils à l'étranger?

d Pourquoi les colonisés jettent-ils sur la ville du colon «un regard de luxure, un regard d'envie»?

e Qu'est-ce qui est arrivé aux anciennes colonies?

f Trouvez-vous juste que les grandes puissances du monde aient pu profiter des pays colonisés?

g Quelle est l'attitude de l'auteur envers les colons?

h Pourquoi le sort des bicots est-il à plaindre?

i Vous êtes le leader du mouvement de libération nationale dans un pays colonisé. Quels sont vos arguments principaux pour l'indépendance?

La vie coloniale

Les quartiers blancs de toutes les villes coloniales du monde étaient toujours, dans ces années-là, d'une impeccable propreté. Il n'y avait pas que les villes. Les Blancs aussi étaient très propres. Dès qu'ils arrivaient, ils apprenaient à se baigner tous les jours, comme on fait des petits enfants, et à s'habiller de l'uniforme colonial, du costume blanc, couleur d'immunité et d'innocence. Dès lors, le premier pas était fait. La distance augmentait d'autant, la différence première était multipliée, blanc sur blanc, entre eux et les autres, qui se nettoyaient avec la pluie du ciel et les eaux limoneuses des fleuves et des rivières. Le blanc est en effet extrêmement salissant.

Aussi les Blancs se découvraient-ils du jour au lendemain plus blancs que jamais, baignés, neufs, siestant à l'ombre de leurs villas, grands fauves à la robe fragile.

Dans le haut quartier n'habitaient que les Blancs qui avaient fait fortune. Pour marquer la mesure surhumaine de la démarche blanche, les rues et les trottoirs du haut quartier étaient immenses. Un espace orgiaque, inutile, était offert aux pas négligents des puissants au repos. Et dans les avenues glissaient leurs autos caoutchoutées, suspendues, dans un demi-silence impressionnant.

Tout cela était asphalté, large, bordé de trottoirs plantés d'arbres rares et séparés en deux par des gazons et des parterres de fleurs le long desquels stationnaient les files rutilantes des taxis-torpédos. Arrosées plusieurs fois par jour, vertes, fleuries, ces rues étaient aussi bien entretenues que les allées d'un immense jardin zoologique où les espèces rares des Blancs veillaient sur elles-mêmes.

Marguerite Duras *Un barrage contre le Pacifique*
(Éditions Gallimard)

Questions

a Quelle est l'époque que décrit l'auteur?

b Pourquoi les Européens s'habillaient-ils en blanc dans les colonies?

c Comment les Blancs qui habitaient dans le haut quartier avaient-ils fait fortune?

d Qu'est-ce que l'auteur pense de la société coloniale qu'il décrit dans ce texte?

e Qu'est-ce qui vous indique son avis?

f Est-ce que la vie des Blancs dans les villes coloniales vous aurait plu, ou non? Donnez vos raisons.

g Comment aurait été la vie des indigènes en comparaison de la vie des Blancs?

h Pourquoi les Européens voulaient-ils coloniser d'autres régions du monde?

i Pourquoi l'époque coloniale est-elle maintenant périmée?

20
La révolte

Les étudiants: force de révolte ou de révolution?

La jeunesse des universités représente une force très efficace de révolte et de refus. L'extension de l'enseignement supérieur accroît ses effectifs et lui donne un poids important dans les villes où elle est concentrée. Sa formation intellectuelle lui permet une conscience plus aiguë et plus profonde des problèmes qu'aucune autre catégorie sociale avant elle. Sa contestation des structures universitaires n'est que l'aspect secondaire et superficiel de son action. Son refus essentiel porte sur les valeurs fondamentales de la société industrielle. Les formes pittoresques et folkloriques dont il s'entoure parfois ne doivent pas en dissimuler l'importance.

Force de révolte, les étudiants sont-ils une force réellement révolutionnaire? On peut en douter, pour deux raisons. D'abord parce que la jeunesse est une situation transitoire dont on s'évade peu à peu tous les jours: beaucoup de meneurs d'aujourd'hui seront demain embourgeoisés. Ensuite parce que les conditions de la vie étudiante restent moins insupportables que les conditions de la vie ouvrière, même dans les sociétés de pseudo-abondance. Le chômage des jeunes est à peu près aussi grave dans les deux cas. Mais l'insécurité de l'emploi, une fois celui-ci trouvé, reste beaucoup plus grande pour les travailleurs manuels que pour les cadres diplômés, la vie quotidienne beaucoup plus dure et beaucoup plus désagréable, le degré de liberté réelle beaucoup moins élevé.

Maurice Duverger *Le Nouvel Observateur*

Questions

a Comment est-ce que l'extension de l'enseignement supérieur accroît les effectifs de la jeunesse des universités ?

b Pourquoi la formation intellectuelle de la jeunesse lui permet-elle une conscience si aiguë des problèmes sociaux ?

c Quelles sont les valeurs de la société industrielle auxquelles les étudiants s'opposent ?

d Qu'est-ce que l'auteur veut dire quand il parle des formes pittoresques dont s'entoure le refus des étudiants ?

e Expliquez le terme «embourgeoisé». Croyez-vous que vous le serez aussi quand vous aurez terminé vos études ? Qu'est-ce qui fait que les hommes s'embourgeoisent ?

f Aimeriez-vous mieux mener une vie étudiante ou ouvrière ? Pourquoi ?

g A quels égards est-ce que la formation intellectuelle que vous avez reçue à l'école a changé vos attitudes et vos opinions ?

h Quelle est la différence entre «la révolte» et «la révolution» ? Laquelle des conceptions vous dit le plus ?

Qu'est-ce qu'un homme révolté?

Qu'est-ce qu'un homme révolté ? Un homme qui dit non. Mais s'il refuse, il ne renonce pas : c'est aussi un homme qui dit oui, dès son premier mouvement. Un esclave, qui a reçu des ordres toute sa vie, juge soudain inacceptable un nouveau commandement. Quel est le contenu de ce «non» ?

Il signifie, par exemple, «les choses ont trop duré», «jusque-là oui, au-delà non», «vous allez trop loin», et encore, «il y a une limite que vous ne dépasserez pas». En somme, ce non affirme l'existence d'une frontière. On retrouve la même idée de limite dans ce sentiment du révolté que l'autre «exagère», qu'il étend son droit au-delà d'une frontière à partir de laquelle un autre droit lui fait face et le limite. Ainsi, le mouvement de révolte s'appuie, en même temps, sur le refus catégorique d'une intrusion jugée intolérable et sur la certitude confuse d'un bon droit, plus exactement l'impression chez le révolté, qu'il est «en droit de . . .». La révolte ne va pas sans le sentiment d'avoir soi-même, en quelque façon, et quelque part, raison. C'est en cela que l'esclave révolté dit à la fois oui et non. Il affirme, en même temps que la frontière, tout ce qu'il soupçonne et veut préserver en deçà de la frontière. Il démontre, avec entêtement, qu'il y a en lui quelque chose qui «vaut la peine de . . .», qui demande qu'on y prenne garde. D'une certaine manière, il oppose à l'ordre qui l'opprime une sorte de droit à ne pas être opprimé au-delà de ce qu'il peut admettre.

Albert Camus *L'homme révolté*
(Éditions Gallimard)

Questions

a Si un homme refuse, il ne renonce pas. Qu'est-ce que Camus entend par cela?

b Dans quelles circonstances est-ce que l'esclave dont parle Camus pourrait juger impossible d'accepter un commandement?

c Quelle est la frontière dont parle Camus?

d Croyez-vous que la révolte que décrit Camus constitue un danger pour la société ou bien son salut? Pourquoi?

e «L'homme révolté» est-il simplement une invention du vingtième siècle?

f Acceptez-vous la définition de Camus d'un homme révolté? Pourquoi (pas)?

g Est-ce que la révolte de Camus est la même que celle des étudiants de mai 1968?

h Est-il nécessaire de dire «oui» ou «non»? Le compromis est-il acceptable?

Le fossé des générations

Parfois, lorsque je m'apprête à franchir le seuil de ma demeure, les bouffées sonores d'une musique hystérique me parviennent à travers la porte. J'ouvre et me trouve face à dix jeunes couples qui considèrent ma tête d'intrus préhistorique avec un tel étonnement narquois que, pour un peu, je m'excuserais de rentrer chez moi. Je demeure un instant, interdit sur le pas de la porte, reconnaissant à peine deux ou trois têtes de connaissance (celles de mes enfants) parmi cette faune hirsute, et tentant de me représenter mon appartement bouleversé tel que je l'avais laissé en partant, et je file au plus vite vers ma chambre après avoir lancé un «Ne vous dérangez pas!», inutile, du reste, puisque personne ne bougeait. J'avais oublié que ma fille avait organisé une surprise-party.

Bah! C'est de leur âge. Je n'ai pas grand'chose à dire là-contre. Seulement . . . je voudrais tant les voir s'amuser! Or ils ont l'air de tout sauf de ça. Le *cha-cha-cha*, le *be-bop* et autres *charlestons* sont des danses gaies, trépidantes, endiablées. Et pourtant, à voir l'air suprêmement dégoûté que les jeunes gens arborent en faisant pivoter leur danseuse, on est en droit de se demander s'ils s'amusent à s'ennuyer ou s'ils s'ennuient vraiment en s'amusant. Ils ne doivent pas faire une autre figure à un examen, ou à un enterrement—quoique je les soupçonnerais volontiers de profiter de ces circonstances pour se dilater la rate, hantés qu'ils sont par le besoin d'aller à l'encontre de ce qui se fait. Peut-être commenceront-ils à rire à cinquante ans.

En attendant, leur mine, je n'en doute pas, est celle qu'il convient d'avoir.

Pierre Daninos *Un certain Monsieur Blot*
(Hachette)

Questions

a Daninos considère la musique «pop» comme hystérique. Quelle sorte de musique préférez-vous et pourquoi?

b Daninos écrit que les jeunes gens sont hantés par «le besoin d'aller à l'encontre de ce qui se fait». Que veut-il dire par cela? Êtes-vous du même avis?

c Qu'est-ce que vous aimez faire pendant vos heures de loisir?

d A quels égards les opinions des jeunes gens diffèrent-elles de celles de leurs aînés? D'où vient cette tendance?

e Pourquoi plusieurs jeunes gens essaient-ils de trouver un asile dans le monde de l'imagination?

f Imaginez que vous voulez organiser une party chez vous pour vos amis. Expliquez à vos parents ce qu'ils devront faire pendant la party.

g Imaginez la réponse de vos parents.

h Le fossé des générations existe-t-il vraiment? Pourquoi (pas)?

La grève générale est à l'ordre du jour

La lutte des étudiants qui ont fait reculer le pouvoir et ses CRS, a eu par ses développements, la grève et les manifestations du 13 mai, d'immenses répercussions.

Partout, dans tout le pays, la grève s'étend. Partout ce sont les travailleurs, en particulier les jeunes travailleurs, qui ont pris l'initiative des mouvements et l'initiative des occupations d'entreprises.

Toutes les barrières ont cédé: plus question de primes anti-grève, plus question de préavis, rien n'a arrêté les travailleurs.

Les travailleurs qui ont compris, grâce à la lutte des étudiants et à la journée du 13 mai, combien le pouvoir était faible face à la détermination des opprimés, donnent aujourd'hui libre cours à leur colère contenue depuis dix ans.

Et c'est en quoi cette grève est une grève politique. Il faut en avoir nettement conscience.

C'est si vrai qu'elle aura probablement des répercussions sur le plan politique. Il n'est pas impossible que Pompidou cède la place à un autre gouvernement peut-être composé par la Fédération de la Gauche et ses alliés.

De Gaulle sait qu'il s'agit d'une grève politique et la bourgeoisie française préférera faire appel à l'opposition, sa dernière planche de salut plutôt que de risquer un affrontement direct du pouvoir et des travailleurs, affrontement pouvant déboucher sur la révolution.

Mais les travailleurs ne sont pas seulement entrés en lutte pour voir Mitterrand remplacer Pompidou au gouvernement.

Il y a un certain nombre de revendications minimum sans lesquelles les travailleurs feraient un marché de dupes.

N'oublions pas que les hommes politiques de la Fédération de la Gauche défendent la bourgeoisie autant que Pompidou: Pompidou en utilisant d'abord la manière forte et après la flatterie, Mitterrand ou Guy Mollet en utilisant la flatterie d'abord, la manière forte ensuite.

Jules Moch qui fut ministre socialiste à l'Intérieur et qui dirigea la répression contre les mineurs en 1948, écrivait hier: le gouvernement «doit démissionner après avoir dissous l'Assemblée comme le lui a demandé la FGDS. Cette décision rétablirait instantanément le calme; les occupants rentreraient chez eux: le travail reprendrait».

TRAVAILLEURS,

N'en déplaise à Jules Moch, les occupants ne rentreront pas chez eux, le travail ne reprendra pas avant qu'au moins les travailleurs aient obtenu pleine et entière satisfaction sur les revendications suivantes:

1. Pas de salaire inférieur à 1000F.
2. Retour immédiat aux 40 heures (ou moins, partout où c'est possible) sans diminution de salaire, avec répartition du travail entre tous.
3. Paiement intégral des heures de grève, sans lequel le droit de grève ne signifie rien.
4. Libertés syndicales et politiques entières dans les entreprises: droit de libre circulation de la presse et des idées, droit de réunion pour tous, à l'intérieur des entreprises.

La Voix ouvrière
19 mai 1968

Notes

la prime somme d'argent payée à un salarié en plus de son salaire normal en vue de l'intéresser à la production, au rendement ou à la prospérité de l'entreprise

un CRS membre de la Compagnie Républicaine de Sécurité, force moitié militaire moitié policière à la disposition du préfet d'un département pour maintenir l'ordre public en cas d'urgence. Pendant les événements de mai 1968 les CRS étaient haïs des étudiants qui les accusaient de brutalités

la FGDS Fédération de la Gauche Démocrate et Socialiste

Questions

a On entend dire quelquefois qu'une démocratie fonde son pouvoir, en fin de compte, sur la force. Qu'est-ce que vous pensez de cette opinion?

b En quoi la grève de mai 1968 en France était-elle une grève politique?

c Qu'est-ce que vous considérez comme la meilleure forme de gouvernement?

d Trouvez-vous que les revendications des grévistes en ce cas soient légitimes ou non?

e Quels devraient être les buts d'un syndicat?

f Trouvez-vous que les syndicats exercent trop de pouvoir politique et économique de nos jours?

g Comment est-ce que les syndicats devraient se développer à l'avenir?

h Croyez-vous qu'une révolution puisse éclater en Grande-Bretagne? Pourquoi (pas)?